SOBRE A MISÉRIA HUMANA
NO MEIO PUBLICITÁRIO

GRUPO MARCUSE

Movimento Autônomo de Reflexão Crítica para
Uso dos Sobreviventes da Economia

SOBRE A MISÉRIA HUMANA NO MEIO PUBLICITÁRIO

Por que o mundo agoniza em razão do nosso modo de vida

Posfácio inédito

Tradução
ERIC HENEAULT

martins fontes
selo martins

© 2012 Martins Editora Livraria Ltda., São Paulo, para a presente edição.
© Éditions La Découverte, 2004, 2010.
Esta obra foi originalmente publicada em francês sob o título
De la misère humaine en milieu publicitaire – Comment le monde se meurt de notre mode de vie por Groupe Marcuse.

Publisher *Evandro Mendonça Martins Fontes*
Coordenação editorial *Vanessa Faleck*
Produção editorial *Cíntia de Paula*
Valéria Sorilha
Preparação *Mariana Echalar*
Revisão *Silvia Carvalho de Almeida*
José Ubiratan Ferraz Bueno
Pamela Guimarães
Diagramação *Reverson Reis*

Dados Internacionais de Catalogação na Publicação (CIP)
(Câmara Brasileira do Livro, SP, Brasil)

Sobre a miséria humana no meio publicitário : por que o mundo agoniza em razão do nosso modo de vida / Grupo Marcuse ; [tradução Eric Heneault]. – São Paulo : Martins Fontes – selo Martins, 2012.

Título original: De la misère humaine en milieu publicitaire : *Comment le monde se meurt de notre mode de vie*

ISBN 978-85-8063-066-4

1. Publicidade - Aspectos morais e éticos 2. Publicidade - Aspectos psicológicos
3. Publicidade - Aspectos sociais 4. Publicidade - França 5. Sociedade de consumo
I. Grupo Marcuse.

12-06647   CDD-300.1

Índices para catálogo sistemático:
1. Publicidade : Aspectos morais e éticos : Filosofia social   300.1

Todos os direitos desta edição reservados à
Martins Editora Livraria Ltda.
Av. Dr. Arnaldo, 2076
01255-000   São Paulo   SP   Brasil
Tel.: (11) 3116 0000
info@martinseditora.com.br
www.martinsmartinsfontes.com.br

"De maneira sumária e pueril, ele começou
a captar o sentido de toda aquela história de dinheiro.
Em idade mais precoce do que a maioria das pessoas,
percebeu que o comércio moderno é uma trapaça.
É bastante curioso que os cartazes espalhados pelas estações
de metrô tenham sido a primeira coisa a abrir seus olhos.
Como dizem os biógrafos, ele não suspeitava que um dia
acabaria trabalhando numa agência de publicidade."
George Orwell, *Et vive l'aspidistra*,
Paris, 10/18, 1982 (1936), p. 65.

"Não se enganem. Não contestamos a publicidade,
mas a totalidade da desumanização industrial
organizada pela democracia estatal."
(Visto num cartaz em Bruxelas.)

Sumário

Introdução 11

   A recuperação moralizadora dos atos, ... 12

   Da questão dos excessos da publicidade à questão
   dos seus fundamentos, ... 16

   A suposta neutralidade da publicidade, ... 19

   O sistema publicitário na sociedade industrial, ... 21

1. Entre falsas aparências e metáforas reveladoras 27

   A publicidade: uma nova arte, uma nova cultura?, ... 28

   Informação ou formatação?, ... 31

   Comunicação ou assédio?, ... 35

   Métodos sofisticados de persuasão social, ... 38

   Da "caça aos clientes" ao *warketing*, ... 40

2. O câncer publicitário 45

   A poluição das poluições, ... 49

   Escalada, sobrelanço e proliferação, ... 53

   Luminosas perspectivas de futuro, ... 58

3. E o capitalismo criou a publicidade 63

   A lógica capitalista de acumulação sem fim, ... 68

   O imperativo do crescimento, ... 71

   Capitalismo e "socialismo", duas variantes
   da ideologia produtivista, ... 75

4. A generalização do consumismo 79

   A necessidade econômica de controlar o mercado, ... 80

   O consumismo, um projeto político de controle social, ... 84

   O consumo como lógica social de distinção, ... 89

   Atiçar a vontade para criar novas necessidades, ... 92

   Os estratagemas do sistema industrial e publicitário, ... 97

   Condições de vida limitantes, ... 101

5. A propaganda industrial 107

   Publicidade e propaganda, ... 109

   Um contexto de cegueira, ... 117

   Mitologia publicitária e idolatria das marcas, ... 121

   Poder da publicidade e tendência totalitária, ... 125

6. Relações perigosas 131

    A ilusória independência da mídia, ... 132

    A comunicação ataca a democracia, ... 139

    A criação industrial de novas doenças, ... 147

7. O mundo agoniza em razão do nosso modo de vida 157

    A devastação do mundo, ... 158

    A ideologia econômica do crescimento, ... 164

    Crítica das ilusões do movimento de defesa do consumidor ... 171

    Nosso modo de vida é negociável? 176

Conclusão 181

Posfácio à edição de 2010 195

Adendo 1. Publicidade e promoção (sub)urbana 215

    "O ar da cidade liberta", ... 218

    Ser livre, ... 222

    Expansão do subúrbio total, ... 227

Adendo 2. A indústria da promoção da indústria 229

Introdução

"Nossa imagem é ruim", declarou um publicitário nos anos 1960. "Felizmente, não nos conhecem o suficiente para que seja execrável."[1] Nada mudou desde então. A maioria de nossos contemporâneos sabe muito pouco a respeito dessa atividade com que deparamos todos os dias, principalmente num espaço público transformado por ela num extenso catálogo publicitário.

Essa ignorância é facilmente explicada. Os meios de comunicação tomam o cuidado de não nos deixar penetrar nos bastidores desse setor que os financia prodigamente. Foi necessário que houvesse, no outono de 2003, uma série de atos de pichação, dissimulação e retirada de cartazes publicitários, em especial no metrô de Paris, para que os jornalistas revelassem

---

1. Apud Joachim Marcus-Steiff, "Publicité", *Encyclopaedia Universalis*, 1985, v. 15, p. 429.

o "furo" à opinião pública: a onipresença da publicidade e a hostilidade que ela suscita em grande parte da população.

"Não se cospe no prato em que se come". Assim, não nos surpreende que aquilo que a mídia disse sobre o sistema publicitário e seus oponentes não tenha sido mais do que a cópia do silêncio precedente. Seria inútil procurarmos análises sobre a função social da publicidade, os interesses a que ela serve, a inflação galopante dos orçamentos publicitários etc. Enfim, não encontraremos em lugar nenhum o motivo desses atos. Encontraremos, sim, muito blablablá sobre os "antipublicidade", termo genérico que visa sugerir o caráter não construtivo e contraditório do movimento – e não poderia ser diferente, já que a mídia mistura anarquistas, feministas, ecologistas, anticapitalistas etc., abstendo-se cuidadosamente de analisar *as razões dessa convergência*[2].

A recuperação moralizadora dos atos

Para não questionar a legitimidade da publicidade como um todo, é sempre de bom-tom disfarçar o problema recorrendo a um moralismo condizente sobre um tema politicamente correto: a exploração abusiva do corpo feminino. Também se pode evocar circunstancialmente a influência nefasta da publicidade sobre as crianças, dando a entender que é um

---

2. Cf. a análise aprofundada de François Brune, "L'antipub, un marché porteur", *Le Monde Diplomatique*, maio 2004.

problema apenas para esses "pequenos seres frágeis", que precisam ser defendidos. Foi o que fizeram nossos "intelectuais" midiáticos quando entraram no "debate".

Vimos um "filosoft" enfatizar o fato de que, se a publicidade não é "imoral", é pelo menos "amoral", e às vezes corre o risco de cair na "obscenidade"[3]. Esse discurso moralizador foi tão bem recebido que pode ser encontrado no site do BVP (Bureau de Vérification de la Publicité, organização privada de profissionais comprometidos com uma "publicidade responsável" e preconizadores, para tal, da "autodisciplina"). Ele apresenta a dupla vantagem de poder ser utilizado tanto para tranquilizar os politicamente corretos, mostrando-lhes que existe uma preocupação com "limites éticos" que não devem ser ultrapassados, quanto para sugerir aos potenciais simpatizantes que esses atos lançam uma ameaça inquietante, a de um "retorno à ordem moral"...

Então, um fino filósofo entra em cena para afiançar o absurdo. Explica que o verdadeiro motivo desses atos é o "ódio à alegria". Em "guerra contra as imagens e os corpos", os "antipublicidade" são movidos pelas mesmas pulsões "mórbidas" que os "partidários do véu islâmico"[4]. O recado é

---

3. André Comte-Sponville, intervenção no Fórum das Marcas, organizado em 30 de janeiro de 2004 na Radio France. Cf. seu texto "Éthique et publicité", no site do BVP.
4. Robert Redexer, "L'antipublicité, ou la haine de la gaieté", *Le Monde*, 10 abr. 2004.

claro: a vida sem publicidade seria tão triste que nem valeria a pena ser vivida. E os descontentes que se exilem com os talibãs. A publicidade ou o véu, escolham.

As coordenadas do debate foram definidas: contra a publicidade, os "tristes moralistas"; a favor da publicidade, os "hedonistas liberais". A pauta foi fechada: ou o debate será *moral* ou não haverá debate. Então não haverá debate, porque os motivos *políticos* que levaram a esses atos foram obliterados. Tudo é arranjado para que o sistema publicitário como tal não seja questionado, mas apenas seus "excessos".

Desse ponto de vista, as reações dos publicitários na revista semanal *Stratégies* são instrutivas[5]. No começo de dezembro, um certo Frank Tapiro dá o alerta e critica a "utopia" que ousa questionar a sociedade de consumo. Em seguida, tenta tranquilizar o leitor. Não há motivo para se sentir visado: o que esses atos "atacam de verdade não é a publicidade" (!), mas um modelo de sociedade baseado no crescimento mercantil. Essa verdade já é em si suficientemente incômoda, pois questiona *radicalmente* o sistema publicitário, e não somente seus *abusos*. Outros publicitários procuram limitar o alcance desses atos entoando um mea-culpa leniente. "Estupefatos com a arrogância" de Tapiro, congratulam-se pela salutar contestação: "Que esses movimentos antipublicidade

---

5. Todas as citações a seguir foram publicadas em *Stratégies*, n. 1.305, 1.306 e 1.307, 4-18 dez. 2003.

possam [...] nos ajudar a nos questionar"! Eis um princípio clássico da profissão: nunca tratar os consumidores como imbecis, mas nunca esquecer que o são de fato.

Alguns revelaram então seu profundo desprezo pelo público. Responderam a Tapiro que as "ações antipublicidade" não são tão radicais quanto ele pensa. Seriam apenas uma "manifestação de exasperação contra a poluição visual e sonora", e não deveriam ser vistas como uma forma de utopia, "tampouco a ideia de que se pode continuar a tratar indefinidamente os consumidores como gado". Esta é a utopia publicitária expressa por aqueles que fingem se questionar: ser o pastor de um rebanho de consumidores e conduzi-lo para os ricos pastos das grandes multinacionais.

Mas dessa vez o "gado" não pretende se deixar levar pelo discurso dos hipócritas que reduzem o problema à questão moralizadora dos "excessos" a fim de ocultar o próprio motivo, embora bastante consensual, invocado pelo coletivo Stopub em seu "Apelo à pichação dos espaços publicitários": denunciar publicamente o movimento neoliberal de "mutilação sistemática dos nossos bens comuns" e o "combustível dessa mercantilização, a publicidade". Esse é o motivo por que *todos* os cartazes publicitários foram pintados com tinta preta. Isso não impediu que nossos "intelectuais" focalizassem *unicamente* as imagens indecentes, o que, apesar de não ser uma falsa questão, elimina a raiz do problema.

Da questão dos excessos da publicidade à questão dos seus fundamentos

Se a esta altura a redução moralizadora do debate à questão dos "deslizes" de certos criadores que "abusam" da imagem da mulher-objeto parece óbvia, é porque ela exprime a opinião comum. Na maioria das vezes, as pessoas se recusam a refletir sobre a publicidade *em geral*. Preferem julgar campanhas *em particular* e caem inevitavelmente numa casuística que opõe a "publicidade aceitável" à "publicidade abusiva". Sempre há uma publicidade "não tão feia", "não tão mentirosa", "não tão sexista".

Todo esse discurso consensual se sustenta numa petição de princípio. Quando se enfatizam os "excessos imorais", admite-se implicitamente que a publicidade *em si* está acima de qualquer suspeita. Assim, não é necessária uma análise mais profunda, já que não se precisa dela para encontrar os abusos chocantes. O que se pode fazer é refletir sobre os limites éticos que ela deveria respeitar – reflexão que só pode validar o prejulgamento inicial de que a publicidade "normalmente não é abusiva". Contudo, basta conhecer um pouco a história da publicidade para constatar que ela sempre se apoiou no abuso e no excesso, seja pelo conteúdo (escândalo, aliciamento), seja pelo volume (insistência, invasão etc.).

Os publicitários sabem muito bem disso. Para chamar a atenção e gravar a mensagem no cérebro dos "prospects", é preciso chocar e exagerar. Se todos os *lobbies* – desde a International Advertising Association (IAA) até o BVP, passando pela European Alliance for Standards Advertising (o nome em português é significativo: Aliança Europeia de Ética Publicitária) – defendem a "autorregulação ética", é porque eles sabem que *qualquer limite jurídico estrito seria fatal para eles*. Como disse o presidente da IAA França, a publicidade é um "sistema de rendimento decrescente"[6]. Quanto mais publicidade, menor o impacto da mensagem. Para continuar eficiente, a publicidade deve transgredir a regra e ir além dos limites que alcançou. Só ignoram esse fato os que têm a impressão de todas as manhãs renascer num novo mundo. Em 1952, a "história chocante da publicidade" já havia sido escrita[7]. E, em 1883, Zola já denunciava o exagero de anúncios das lojas de departamentos, a "invasão definitiva dos jornais, dos muros, dos ouvidos do público" pela "algazarra das grandes liquidações"[8].

Portanto, é preciso ser cego e amnésico para acreditar que os "deslizes" atuais são novidade, e que se trata apenas

---

6. Bernard Petit, "La pub de demain: du spectateur 'otage' au spectateur 'acteur'?", *Semana da Publicidade*, 26 nov. 2003. Disponível no site da AACC: <http://www.aacc.fr>.
7. Ernest Sackville Turner, *The Shocking History of Advertising*, Londres, Michael Joseph, 1952.
8. Émile Zola, *Au bonheur des dames*, cap. 14. Cf. também a novela *Une victime de la réclame*, de Zola (1866), e alguns trechos de *L'homme et la terre*, escrito por Élisée Reclus na última década do século XIX.

de "deslizes". *Não se pode separar a publicidade de seus excessos, simplesmente porque é por seus excessos que a publicidade produz efeito.* E todas as "disfunções abusivas" que nossos moralistas criticam fazem parte do funcionamento normal da publicidade.

Se criticamos a redução *imediata* do debate à questão dos excessos morais, não é porque consideramos essa questão secundária, mas sim porque essa maneira de apresentar o problema abre as portas para todas as formas de recuperação. Passando por cima da questão dos fundamentos e dos princípios da publicidade, ela autoriza a crítica inofensiva de abusos que na verdade são comuns e a denúncia de motivos puritanos que não tiveram nenhum papel nos atos contra a publicidade. Os publicitários, a mídia que depende deles e os que pensam pequeno e gostam de aparecer conseguiram desarmar a contestação. Fato que o jornal *Libération* comemora abertamente: "A contestação não faz mal algum. Principalmente se ajuda a renovar o gênero"[9].

Se os publicitários gostam tanto de discursos éticos, é porque na maioria das vezes eles só servem para "esconder a miséria", como já disse o filósofo Cornelius Castoriadis[10]. Para mascarar a raiz do problema, nada melhor do que reduzi-lo

---
9. *Libération*, 10 mar. 2004.
10. Cornelius Castoriadis, *Carrefours du labyrinthe: la montée de l'insignifiance*, Paris, Le Seuil, 1996, v. 4.

a "desvios éticos". Os moralistas censuram os publicitários, estes fazem uma autocrítica e prometem um "autocontrole" mais estrito através de uma instituição – o BVP, que se vangloria justamente de "não controlar grande coisa"[11]! A cortina desce sobre uma cena previamente encenada e, enquanto os atores se cumprimentam nos bastidores, o público apaziguado volta para casa.

A suposta neutralidade da publicidade

O simples fato de que ex-publicitários tenham fundado as associações Adbusters e Casseurs de Pub e escrevam os livros mais virulentos contra a publicidade[12] deveria nos deixar com a pulga atrás da orelha. O que surpreende é que mais publicitários não tenham saído do sistema para denunciá--lo. Quem se submete às técnicas comerciais sem conhecer os detalhes pode dizer que a coisa não é tão grave. Mas quem passou por uma faculdade de marketing, como alguns de nós, e ainda assim preservou alguma sensibilidade humana, só pode sentir nojo da recuperação midiática dos atos contra

---

11. Joseph Besnainou, diretor-geral do BVP, "Publicité et autodiscipline", *Semana da Publicidade*, 27 nov. 2003. Disponível em: <http://www.aacc.fr>.
12. Cf. Frédéric Beigbeder, *99 F*, Paris, Grasset, 2000; Dominique Quessada, *La société de consommation de soi*, Paris, Verticales, 1999, ambos ex--publicitários. François Brune, por sua vez, autor do excelente *Bonheur conforme: essai sur la normalisation publicitaire*, Paris, Gallimard, 1985, formou-se na HEC e sabe bem do que está falando.

a publicidade. Assim, pareceu-nos necessário lembrar algumas verdades elementares àqueles que ainda acreditam que a publicidade tem como função informar divertindo.

A publicidade é apresentada com frequência como um meio neutro, um simples instrumento que pode promover qualquer tipo de mercadoria (industrial ou não), a serviço de qualquer instituição (empresas privadas, administração pública, partidos políticos), recorrendo a qualquer tipo de valor. Na realidade, as coisas são bastante diferentes.

Quem recorre de fato à publicidade? Os censores que vigiam os excessos certamente não precisam fazer uma pergunta tão generalista. Para eles, basta saber quem fez tal publicidade especialmente escandalosa. No entanto, este é o ponto: *a publicidade é feita pelas grandes indústrias*. Em 2000, na França, "27 empresas representavam 20% do mercado publicitário. E menos de mil empresas representavam 80%"[13]. Se compararmos esses números com os 2,4 milhões de empresas registradas na França, veremos que 0,001% representa 20% do mercado publicitário, enquanto 0,04% representa 80%.

A publicidade atende maciçamente um punhado de empresas hegemônicas que se servem dela para sufocar qualquer tipo de concorrência. São as grandes redes varejistas contra o pequeno comércio, os cartéis internacionais contra os

---
13. Daniel Aronssohn, "L'économie de la séduction", *Alternatives Économiques*, n. 190, mar. 2001, p. 60.

produtores locais. Ainda que seja formalmente para todos, a publicidade é na realidade a arma das marcas mais poderosas. É desse *uso maciço* da publicidade que trataremos neste livro, e não pretendemos nos limitar aos publicitários. Estes são apenas os representantes do capital e os agentes (particularmente nocivos) de uma dinâmica econômica que ninguém controla.

Quanto à suposta neutralidade da publicidade em relação a produtos e valores, ela desaparece assim que observamos a realidade. Trata-se sobretudo de promoção de mercadorias industriais, e raramente de outra coisa qualquer. E é apelando principalmente para valores individualistas e materialistas que ela elogia esses produtos. É apenas circunstancialmente que ela apela para outros valores e, na maioria das vezes, para deturpá-los. A publicidade só pode vender o que ela promove, seja um produto ou uma "grande causa". Sua finalidade não é incitar à ação, mas gastar dinheiro, jogando em geral com o sentimento de culpa e o desejo de aquietar a consciência ao menor custo possível. As exceções não são mais do que engodos.

O sistema publicitário na sociedade industrial

A publicidade é uma arma do marketing, a arte de vender qualquer coisa para qualquer pessoa através de qualquer meio. Trata-se, mais precisamente, do marketing em sua dimensão comunicacional. Utilizando sobretudo a mídia, ela é o arquétipo da comunicação. A crítica à publicidade deve se estender então à crítica ao marketing e à comunicação. Esses três flagelos juntos compõem o *sistema publicitário*. Mas esse sistema foi gerado pelo capitalismo industrial e é ele que financia a mídia de massa, cujo conteúdo também é ele que orienta. Assim, o problema não se reduz ao embrutecimento publicitário: inclui também a desinformação midiática e a devastação industrial. Que ninguém se engane: *a publicidade é apenas a ponta desse iceberg chamado sistema publicitário e, mais amplamente, do gélido oceano em que ele atua, isto é, a sociedade mercantil e seu crescimento devastador. E se criticamos esse sistema e essa sociedade, é porque o mundo agoniza em razão do nosso modo de vida.*

O efeito principal da publicidade é difundir o consumismo. Orientado pelo hiperconsumismo, esse modo de vida se baseia na produção, portanto envolve a exploração crescente dos homens e dos recursos naturais. Tudo o que consumimos representa uma quantidade igual de recursos a menos e dejetos a mais, prejuízos e trabalho empobrecedor. O consumismo leva à *devastação do mundo*, a sua transformação em deserto material e espiritual – em um *meio* em que será cada vez mais difícil viver e até sobreviver dignamente. Nesse deserto, prospera a miséria humana física e psíquica, social e moral. A imaginação tende a se atrofiar, as relações se desumanizam, a solidariedade se decompõe, as competências pessoais definham, a autonomia desaparece e a mente e o corpo se tornam padrão.

A miséria humana em meio publicitário é essa vida empobrecida que exalta a publicidade onipresente e a miséria do meio publicitário em si, que ilustra de maneira caricatural o empobrecimento moral em que se encontra a sociedade mercantil. Citaremos em abundância o discurso dos publicitários. O cinismo está tão impregnado no "folclore profissional", como se vangloriam alguns[14], que ninguém contestou a descrição romanceada de Frédéric Beigbeder. Segundo François Biehler, publicitário ainda na ativa, ela seria até "rigorosamente exata". Então como ele pode justificar a profissão? "A publicidade serve também para estimular o consumo". Os publicitários não negam que isso implique uma boa dose de manipulação. O que é manipular uma pessoa, senão levá-la a fazer uma coisa que ela não faria de maneira espontânea, como trocar inutilmente mercadorias tão fúteis quanto nocivas?

Como dizia Maquiavel, o fim justifica os meios. Portanto, Biehler deve considerar que essa manipulação é tolerável, porque é feita em nome de uma finalidade eminentemente consensual: "Estimular o consumo, ativar a economia, o que *a priori* não é condenável"[15]. Com certeza, chegamos aqui

---

14. Bernard Cathelat, *Publicité et société*, 5. ed., Paris, Payot, 2001, p. 46.
15. Esta citação, assim como as precedentes, foram extraídas de entrevistas publicadas por Bruno Japy e Arnaud Gonzagues, *Qui veut la peau de la pub?*, Paris, Mango, 2002, p. 51.

ao axioma que subtende a esmagadora maioria dos discursos sobre a publicidade: é bom, e de todo modo necessário, estimular o crescimento, a vaca sagrada a que todos os políticos imploram em coro, o Messias cujo retorno eles tentam apressar. Se aceitarmos esse dogma fundador do economismo, esse prejulgamento que quase ninguém contesta, apesar dos efeitos desastrosos sobre a nossa qualidade de vida, então, de fato, a publicidade é indispensável, e questioná-la torna-se bem mais difícil. Embora o desejo de produzir se justifique mais quando a sobrevivência material depende disso, esse pressuposto é absurdo, irresponsável e perigoso nas nossas sociedades, em que reinam o desperdício e a superprodução. Em vez de atender às nossas necessidades, o crescimento se tornou um fim em si mesmo. E começamos a nos dar conta de que se trata, antes de tudo, do crescimento dos prejuízos e das desigualdades.

A publicidade é indissociavelmente um sintoma da devastação do mundo e um dos seus motores. Sua contribuição é dupla: estimulando o superconsumo de mercadorias industriais, favorece o desenvolvimento de uma economia devastadora; encobrindo as consequências, adia uma conscientização cada vez mais urgente, se quisermos evitar o pior. Por isso a publicidade precisa ser objeto de uma *crítica radical*, isto é, de uma análise que leve às suas raízes. Apenas aqueles que igualam a sabedoria ao desleixo e o espírito crítico ao consenso midiático podem se contentar com a denúncia de seus excessos mais flagrantes. É apenas voltando às raízes da publicidade que poderemos entender os motivos desses excessos tão comuns, principalmente a extrema violência com que as mulheres são tratadas. Mas ninguém sai ileso, como mostrará este manifesto contra a publicidade e "a vida que vem com ela".

1 – Entre falsas aparências e metáforas reveladoras

Os publicitários são pressionados por duas exigências contraditórias. De um lado, precisam convencer os anunciantes de que são *eficientes* e podem influenciar as decisões de compra dos consumidores; senão, a publicidade seria tão cara quanto inútil, e as empresas não a utilizariam. Mas, de outro lado, também precisam convencer os consumidores do contrário, já que, se é eficiente, a publicidade representa ao mesmo tempo um controle sobre a vontade e o comportamento, e o público poderia acabar se rebelando contra essa vontade de manipulá-lo. Como diz o sociólogo francês da profissão, o publicitário tem duas caras: "uma virada para a opinião pública e cheia de boa vontade; outra esperta e agressiva, à imagem de seus clientes"[1]. Mas essa linguagem dupla é uma dádiva para nós, uma vez que, para

---

1. Gérard Lagneau, *Le faire-valoir*, Paris, Sabri, 1969, p. 38.

desmitificar as ladainhas que os publicitários repetem para o público, basta ficarmos atentos ao que eles dizem entre si.

Em 1958, Aldous Huxley já alertava contra a "persuasão por associação", um procedimento publicitário que consiste em associar o que se quer elogiar com algo que não tem nada a ver, mas é majoritariamente valorizado na sociedade a que o produto se destina: "Assim, numa campanha de venda, a beleza feminina pode ser vinculada alternadamente a qualquer coisa, de um trator a um diurético"[2]. É a esse procedimento clássico que os publicitários recorrem para "divulgar a si mesmos". Com seu lendário sorriso na voz, eles explicam publicamente que seu trabalho é "arte", "informação", "comunicação" ou até uma "nova cultura"! Contra esses amálgamas justificadores, a análise interna de seus discursos nos leva a outras aproximações: com os sofistas, a caça e a guerra.

A publicidade: uma nova arte, uma nova cultura?

Enquanto os publicitários querem nos fazer acreditar que fazem arte, os artistas não tentam fazer publicidade. E se alguns artistas são obrigados a colaborar com o sistema publicitário (porque, ao contrário da arte, a publicidade rende...), raramente eles se vangloriam disso. É porque a arte e

---

2. Aldous Huxley, *Retour au meilleur des mondes*, Paris, Plon, 1958, p. 107.

a publicidade têm fins diferentes e até contraditórios. Basta prestar atenção aos comerciais bradados no rádio para entender isso.

Se a arte visa à beleza, para os publicitários esta última não é mais do que um meio para um fim estritamente comercial. Com certeza, perdidos na profusão de reclames horrendos, podemos encontrar alguns anúncios ou comerciais benfeitos. Mas a beleza não é um fim em si, apenas uma ferramenta, entre outras, para chamar a atenção. Numa revista de arte, os publicitários fazem um esforço artístico para agradar a alvos definidos como "leitores cultos", mas, num catálogo de produtos em promoção, eles se contentam em atrair com imagens vulgares e chamativas o olhar de "massas abestalhadas".

Se a finalidade da arte é fazer refletir, a dos publicitários é curto-circuitar a reflexão para estimular reflexos, fidelizar clientes. Ao contrário da arte, que eleva os seres humanos, a publicidade os rebaixa ao nível de idiotas (apelo ao sexo), imbecis (apelo à bobagem) e *voyeurs* (apelo ao fascínio provocado pela imagem). Em vez de cultivar, ela afasta o povo de suas tradições culturais para integrá-lo à força no sistema industrial. A publicidade não é uma "nova cultura". É a anticultura por excelência, já que liquida tanto as culturas populares quanto a alta cultura intelectual. É uma lavagem cerebral que nivela a diversidade cultural mundial.

Se, na época moderna, considera-se que a arte deve ser autônoma (a arte pela arte), a publicidade é servil. Enquanto a criação artística é supostamente a livre expressão de uma personalidade, os "criativos" – que se acham artistas, embora confessem com esse neologismo que não passam de uma caricatura – devem fabricar a imagem publicitária conforme as indicações dos "comerciais". Aliás, eles não representam mais do que 25% do quadro de funcionários das agências de publicidade, ou seja, cerca de 2.500 pessoas na França. Se compararmos esse número com as 317 mil pessoas que trabalham no setor de comunicação[3], teremos menos de 1% de criativos...

Há quem replicará que, se a publicidade está a serviço da indústria, a criação artística na Idade Média estava a serviço do poder feudal e da religião. Mas é precisamente por isso que se evita falar de arte (em sentido estrito, que não se reduz à questão do belo) antes de a criação estética ter se constituído, na época moderna, em esfera independente. E esse paralelo com a Idade Média, apesar do seu caráter reducionista, é uma maneira pertinente de conceber a publicidade: a imaginação a serviço da religião consumista e das novas potências feudais que são as marcas.

---

3. Números informados pela AACC (Association des Agences de Conseilen Communication) e pela UDA (Union des Annonceurs).

Enquanto o prefaciador apresenta a publicidade como uma "nova arte", Bernard Cathelat, publicitário cínico que tem o mérito de ser franco, desmente suas palavras: "A arte aqui é apenas um engodo, um álibi para a expansão do produto imaginário"[4]. É uma maneira de se desculpar por praticar um business tão feio. Segundo os historiadores da arte, se a publicidade a deturpa com tanta frequência, não é apenas para compensar uma falta de criatividade, mas sobretudo para se reabilitar[5]. A publicidade não é arte no sentido de belas-artes, mas mesmo assim é uma profissão, uma técnica e, nesse sentido, uma "arte": a de desinformar.

Informação ou formatação?

Informar, no sentido amplo, é transmitir uma mensagem. Mas quando essa mensagem é enganadora, ela desinforma. Informar, no sentido estrito, é, portanto, transmitir conhecimentos factuais sobre a atualidade, como se espera que façam os jornalistas. Asseverando publicamente que a função primeira da publicidade deveria ser "informativa", os publicitários se apresentam no fundo como jornalistas. Contra as exigências de limitação da avalanche publicitária, eles se prevalecem da liberdade de expressão. Mas os jornalistas se

---
4. Bernard Cathelat, *Publicité et société*, 5. ed., Paris, Payot, 2001, p. 33. O prefácio é de outro publicitário, Bernard Brochand.
5. Danièle Schneider, *La pub détourne l'art*, Genebra, Tricorne, 1999, p. 253.

abstêm de fazer publicidade. O ideal fundador do jornalismo é informar o que acontece no mundo. Revelando o que os poderes têm interesse em esconder, eles exercem também uma função crítica. A publicidade contribuiu amplamente para a atual deturpação desse duplo ideal. Ela é em si mesma uma inversão total disso. Vejamos como Éric Vernette, cujo prudente discurso se limita a estereótipos, define a profissão:

> A publicidade pode ser definida como um processo de comunicação orientado, que se origina em uma organização, destinado a informar um alvo da existência de uma oferta ou fato, e estruturado de maneira a valorizar quem emitiu a mensagem, com a finalidade de convencer o alvo a apreciar e comprar um produto ou serviço.[6]

Assim, a finalidade última da publicidade não é informativa. E, para levar à compra, ela deve fazer com que a mercadoria seja amada e o emissor da mensagem seja valorizado, mas nunca deve propor um exame crítico – ao contrário do que fazem as associações de consumidores, que lutam pela verdadeira informação. Por definição, a

---

6. Éric Vernette, *La publicité: théories, acteurs et méthodes*, Paris, La Documentation Française, 2000, p. 10.

publicidade é laudatória. A serviço de poderes econômicos e políticos que dispõem do capital necessário para oferecer dispendiosas prestações, seu papel consiste em restabelecer o prestígio desses poderes, difundindo mentiras que eles gostariam que o público engolisse.

Enquanto o jornalismo tem, em princípio, uma função informativa e crítica, a publicidade tem apenas uma função comercial e apologética. Se o ancestral do jornalista é o pensador esclarecido, o do publicitário é o vendedor de feira que tenta empurrar suas bugigangas, enganando os fregueses. Alguns publicitários, comovendo-se com o "gênio do camelô", reivindicam sua filiação a esses "charlatões"[7].

A pretensão informativa é crível apenas porque, *originalmente*, os reclames tinham de fato essa dimensão. Émile de Girardin, fundador do primeiro jornal aberto à publicidade, definiu em 1845 o que os anúncios deveriam conter: "Em tal rua, tal número, vende-se tal coisa, por tal preço"[8]. Assim era o *reclame*, primeira época da publicidade. Tratava-se de uma extensão do sistema de anúncios. Notícias, inseridas numa publicação mediante pagamento, apresentavam de maneira detalhada as características dos diferentes produtos à venda.

---

7. Cf. Claude Bonnange e Chantal Thomas, *Don Juan ou Pavlov: essai sur la communication publicitaire*, Paris, Le Seuil, 1987, p. 18-19.
8. Apud Joachim Marcus-Steiff, "Publicité", *Encyclopaedia Universalis*, 1985, v. 15, p. 429.

A diferença é clara. Embora não fosse desinteressado, o reclame *propunha* informações reunidas no começo ou no fim da publicação, e não tentava disfarçar os objetos manufaturados de produtos artesanais. Hoje, a publicidade se impõe por toda a parte, e como a *natureza* do produto (qualidades reais, possíveis implicações...) e sua *história* (onde e quando foi fabricado, por quem...) são geralmente capazes de afugentar o freguês potencial, seu papel consiste em escondê-las. No máximo, a informação se limita à *existência* de uma oferta, como diz Vernette: anuncia-se a mercadoria, sem dizer exatamente o que é e de onde vem. Quando muito. Quem acredita que a Coca-Cola precisa de publicidade para divulgar que ela existe?

Com exceção de pequenos anúncios entre particulares, hoje não há nada que corresponda ao modelo de Girardin. Entre si, os publicitários reconhecem esse fato: "A informação é escolhida, com frequência truncada, sempre parcial... Sua finalidade não é informar, mas criar um desejo, tornando interessantes produtos e marcas que, às vezes, não justificam esse interesse"[9]. Na economia moderna, em que a superprodução chegou a novos patamares, não são os clientes que escolhem os bens de que necessitam, mas as mercadorias é que os perseguem. É preciso formatá-los, transformá-los

---

9. Jacques Lendrevie e Denis Lindon, *Mercator: théorie et pratique du marketing*, 5. ed., Paris, Dalloz, 1997, p. 472.

em "consumidores". Alguns empresários sonham em criar biologicamente uma "nova raça de superconsumidores"[10].

Comunicação ou assédio?

Os publicitários sabem que o nome que se dá às coisas revela a maneira como elas são percebidas. Assim, um desodorante será batizado de "Natral" para evocar "natural", quando na verdade se procura vender o contrário. Os publicitários souberam aplicar esse princípio à profissão. Depois que se tornou um sistema pavloviano de condicionamento, o reclame começou a ser malvisto; esse termo antigo foi substituído então por *publicidade*, termo de conotação positiva, já que evoca o "bem público" e permite inverter a realidade. Porque a única coisa pública na publicidade é o público importunado; anunciantes, publicitários, donos de outdoors etc. são empresas *privadas*.

Mas os publicitários tiveram de recorrer mais uma vez ao princípio da "novilíngua", antecipado por Orwell em *1984*. Devido às críticas que a publicidade sofreu, o termo ficou carregado de conotações negativas. Em 1973, o lobby dos publicitários foi rebatizado como Association des Agences de Conseil en Communication [Associação das Agências de Consultoria de Comunicação]. Em alguns

---

10. Palavras da revista *Sales Management*, citadas por Vance Packard, *L'art du gaspillage*, Paris, Calmann-Lévy, 1962, p. 20.

anos, as "páginas de publicidade" serão substituídas por "páginas da verdade"!

O interesse em utilizar o termo *comunicação*, que evoca o diálogo e o compartilhamento, é compreensível. Mas em publicidade e comunicação não se trocam ou se confrontam ideias. O que se quer é impor "imagens". Essa pseudocomunicação em sentido único é apenas o monólogo elogioso por meio do qual as burocracias industriais e políticas falam ruidosamente de si mesmas dentro do espaço público. Produzida por um exército de publicitários patrocinados pelas elites cínicas, ela desaba sobre um público que tenta principalmente se defender dela.

Ninguém quer os reclames atuais. Como observa Vernette, "a publicidade é uma forma de comunicação peculiar, porque não é percebida de maneira idêntica pelas pessoas envolvidas: vital para a empresa e evitada em geral pelos consumidores"[11]. De fato, todo avanço da publicidade foi *maciçamente* recusado pelos franceses. Apenas 17% foram favoráveis à introdução da "publicidade conflituosa" na televisão em 1967 (antes disso, apenas setores gerais – por exemplo, "laticínios" – e não marcas concorrentes tinham o direito de se promover). Cerca de 70% se opunham à propaganda política em 1985. Como confessa a bíblia da profissão, o *Publicitor*, 52% eram claramente hostis à

---
11 Éric Vernette, op. cit., p. 13.

publicidade em 1976, e apenas 8% eram favoráveis. E o papa da profissão, Jacques Séguéla, escreveu em 1990 que 75% de seus conterrâneos são publifóbicos[12].

Mas é justamente porque as pessoas procuram evitá-la que a publicidade deve assediá-las. Esse é o termo mais apropriado para definir a pressão indesejável que sofremos em todos os momentos. Alguns dizem até que "a publicidade é um estupro"[13]. Os politicamente corretos talvez achem um exagero. Já os publicitários procuram mesmo a "penetração da memória"[14]...

"Na verdade, curiosa comunicação que se satisfaz com um diálogo de surdos" e situa-se "abaixo do nível da consciência e da linguagem", como reconhece Cathelat[15]. Como só admite a compra como resposta, a sugestão publicitária faz parte da hipnose. É uma questão de entorpecer a consciência para transmitir comandos ("Compre aqui!", "Consuma isto!"). O sistema publicitário anexou a noção de comunicação, mas deturpou seu sentido original. Porque, se a publicidade é comunicação, ela é ao mesmo tempo propaganda

---

12. Joachim Marcus-Steiff, op. cit., p. 429; Armand Mattelart, *L'Internationale Publicitaire*, Paris, La Découverte, 1989, p. 241; Bernard Brochand e Jacques Lendrevie, *Publicitor*, Paris, Dalloz, 1993, p. 493; Jacques Séguéla, *C'est gai, la pub!*, Paris, Hoëbeke, 1990, p. 40.
13. Robert Guérin, *La pub, c'est le viol*, Chambéry, O. Perrin, 1961.
14. Expressão de Jean-Louis Chandon, em Éric Vernette, op. cit., p. 155.
15. Bernard Cathelat, op. cit., p. 132 e 166.

– e os propagandistas também dizem que fazem arte, informação etc.

Métodos sofisticados de persuasão social

Quando são criticados em público pelo que reivindicam em privado – influenciar e desinformar –, os publicitários replicam infalivelmente que os consumidores não se iludem e por isso continuam tão livres quanto antes – como diz, aliás, o dogma da ideologia liberal: o mercado funciona como uma "democracia" em que "o cliente é rei", no sentido de que ele escolhe livremente o que compra. Assim, marqueteiros e publicitários são apenas seus fiéis servidores e leais conselheiros. O "espírito do marketing", como explicam de maneira muito séria, é a atitude mental que dá "primazia à satisfação dos consumidores"[16].

Sofisma! Esses filantropos que se agitam em volta do cliente estão a serviço de empresas, e seu papel consiste em encontrar todos os meios possíveis para controlar a decisão do "soberano". Entre si, eles definem o marketing como "o conjunto dos meios de que dispõe uma organização para influenciar, num sentido favorável à realização de seus próprios objetivos, as atitudes e os comportamentos do público pelo qual ela se interessa"[17]. Os publicitários são o equivalente dos sofistas da Antiguidade, manipuladores profissionais que

---
16. Cf. Theodore Levitt, *L'esprit marketing*, Paris, Éd. d'Organisation, 1972.
17. Denis Lindon, *Le marketing*, Paris, Nathan, 1992, p. 6.

vendiam suas técnicas de persuasão às elites desejosas de tomar a democracia. Persuadir quer dizer fazer alguém mudar de ideia, e, para ser persuasivo em relação a um assunto, basta bajular o auditório, lisonjeá-lo, como escreveu Platão em *Górgias*. Isso pressupõe que se saiba com antecedência o que as pessoas querem ouvir – hoje, diríamos: fazer um estudo de mercado, uma pesquisa de opinião – e que as palavras sejam manipuladas para ganhar sua confiança. A sofística é a arte de seduzir assembleias e conquistar sua adesão. E, para isso, todos os meios são válidos, desde a demagogia até o apelo às emoções, nobres ou vis.

A persuasão é baseada num conceito puramente instrumental da linguagem. As palavras não são empregadas por seu significado, mas por seu poder de evocação. Os publicitários não se preocupam com a verdade. Procuram a *eficiência* e a *credibilidade*, a adesão dos ouvintes a seu discurso, e não a adequação de seu discurso à realidade. Para isso, aprenderam a utilizar todo o arsenal das ciências humanas: sociologia, psicologia, psicanálise, semiologia, linguística e, ultimamente, ciências cognitivas.

Bajular, seduzir, influenciar... Essas são as palavras-chave de todos os manuais de publicidade. Essa profissão é a da "persuasão social", da exploração da credibilidade humana. Ela determina as "expectativas das massas" e então elabora mensagens bajuladoras, associando-as à mercadoria que quer empurrar. "É um mandamento da publicidade: bajule o consumidor!"[18]. E é a esse princípio que os ideólogos liberais do "mercado democrático" recorrem. Existe coisa mais lisonjeira para o cliente do que ser coroado rei?

Da "caça aos clientes" ao *warketing*

Se podemos dizer que o cliente é rei, é porque, num contexto de guerra econômica feroz, o recurso mais precioso de uma empresa é a clientela. Tudo é feito para prender o rebanho. O cliente não é rei: é uma presa para a firma, que precisa dela para viver, assim como os lobos precisam das ovelhas. Como os consumidores são uma iguaria rara demais para satisfazer o apetite de todos os predadores, a sobrevivência destes depende da sua capacidade de atrair um número suficiente de presas para a sua rede. Depende também da sua capacidade de fidelizá-los – domesticá-los para que se tornem dóceis. Como diz Vernette: "A publicidade procura atrair o alvo, apresentando a oferta da maneira mais atraente possível para que caia no gosto, mesmo que para isso seja necessário exagerar às vezes deliberadamente para chamar a atenção"[19].

Há três coisas notáveis nessa declaração.

---

18. Martine Kaercher, *Les mots clefs de la publicité et de la consommation*, Montreuil, Bréal, 1991, p. 54.
19. ÉricVernette, op. cit., p. 11.

Em primeiro lugar, a pitoresca evocação da caça, dos alvos e das iscas apetitosas que são utilizadas para atraí-los. A publicidade é o equivalente exato da caça com *apito*, instrumento usado para atrair pássaros. Antigamente, em francês, "deixar-se enganar" era "deixar-se pegar pelo apito". Hoje, é "cair na armadilha" – publicitária, é claro! No século XVIII, o termo *réclame* designava a famosa flauta de madeira. A publicidade nada mais é do que um sistema de ilusões para fazer o público cair na emboscada consumista.

Em segundo lugar, as mulheres saberão apreciar o verdadeiro valor dessas afirmações. Elas sabem em geral o que significam na boca de um publicitário. A exploração da mulher para erotizar todo tipo de mercadoria é uma das mais antigas artimanhas da profissão. A publicidade é o Viagra dos consumistas sem desejo. É bom lembrar que o apito é um tipo de flauta que em geral reproduz o canto da fêmea para atrair o macho.

Em terceiro lugar, se o exagero é "às vezes" deliberado, como confessa o autor, então ele é sempre permanente.

Os publicitários se deleitam mais ainda com a metáfora militar. Não se trata de informar, mas de procurar o "impacto" sobre os "alvos". Eles não se dirigem a indivíduos, mas a "nichos", e com um "arsenal" de meios "sofisticados". As mensagens são "mísseis", "exocets". Eles travam "campanhas", fazem "avanços", derrubam "barreiras". Por fim, "ocupam o terreno". O público não é o parceiro de um diálogo, mas o "palco das operações" e a meta de um "grande combate", em que a publicidade se apresenta como a "arma absoluta".

A analogia militar se tornou o fundamento teórico do *marketing warfare*, o marketing guerreiro ou a mercadologia de assalto[20]. Em novembro de 1980, houve um fórum em Paris sobre o "marketing de combate". Entre outras controvérsias, quem é o inimigo? Aqueles que partem do princípio de que o "campo de batalha é o espírito do consumidor"[21] explicam que os alvos são imagens das forças adversas, enquanto os clientes são recrutas da empresa no seu desejo de supremacia. Mas, para outros, os verdadeiros inimigos são os consumidores... Assim, Georges Chetochine, um especialista em marketing extremamente solicitado, declarou no Cannes Air Forum de 2002: "O cliente é o inimigo! Para fidelizá-lo, é necessário desarmá-lo, rendê-lo, manter a iniciativa". Ou ainda: "um doente, um ingênuo... É preciso viciá-lo na síndrome de Alcatraz"!

---

20. Cf. Al Ries e Jack Trout, *Le marketing guerrier*, Paris, Édiscience International, 1994; Jean-Louis Swiners e Jean-Michel Briet, *Warketing! Être stratège: une autre vision de la stratégie*, Paris, ESF, 1993.
21. Cf. Yves H. Philoleau e Denise Barboteu-Hayotte, *Le grand combat: conquérir la préférence des clients*, Paris, Dunod, 1994.

Como em toda guerra, a guerra das marcas obedece à lógica da escalada. Assim, não nos surpreende ver a publicidade crescer como um câncer, que, de metástase em metástase, toma o corpo social até seus mais ínfimos recônditos.

2 – O câncer publicitário

Nas publicações profissionais, a definição de publicidade é objeto de intermináveis controvérsias. Existem centenas delas – mas pelo menos todas concordam num ponto: o objetivo é influenciar para vender. As variações dizem respeito à extensão dos canais e aos suportes utilizados para esse fim.

Em sentido restrito, a publicidade consiste na utilização remunerada das cinco mídias de massa. Vejamos o que os publicitários dizem sobre as respectivas vantagens[1].

O *outdoor* ou *cartaz* é uma "mídia soco no estômago", "que se impõe a um grande número de pessoas e é capaz de forçar a atenção". O *rádio* é uma "mídia de acompanhamento", que "se insinua no dia a dia [...] sem que o indivíduo

---

1. Marie-Laure Gavard-Perret, "Les acteurs du marché publicitaire", in Éric Vernette, *La publicité: théories, acteurs et méthodes*, Paris, La Documentation Française, 2000, p. 65-67.

tenha realmente consciência disso". A vantagem do *cinema* é ter "uma audiência de qualidade, porque é bastante cativa". A *imprensa* permite "definir o alvo com precisão", mas a *televisão*, considerada a mídia "mais convincente" pelos consumidores e vista em média mais de três horas por dia, foi eleita pelas elites industriais como a mais perfeita mídia de embrutecimento para chegar a seus fins. Como diz de maneira tão apropriada o diretor-presidente da emissora de televisão mais poderosa da França:

> Fundamentalmente, a atuação da TF1 consiste em ajudar a Coca-Cola, por exemplo, a vender seu produto. Ora, para que uma mensagem publicitária seja recebida, é necessário que o cérebro do telespectador esteja disponível. A vocação dos nossos programas é torná-lo disponível, isto é, diverti-lo, fazê-lo relaxar para prepará-lo entre dois anúncios. O que vendemos para a Coca-Cola é o tempo do cérebro humano disponível.[2]

Em sentido amplo, que corresponde à utilização efetiva do termo, é necessário acrescentar o "fora da mídia": o mailing (que concentra dois terços do orçamento de

---

2. Patrick Le Lay, *Les dirigeants face au changement*, Paris, Les Éditions Du Huitième Jour, 2004.

marketing direto, o resto sendo dividido entre catálogos, televendas, oferta de serviços por telefone, representantes comerciais...), publicidade em eventos (salões, feiras e em quase todos os lugares...), internet (sites, banners e spams, que representam de 70% a 80% do correio eletrônico que circula pelo mundo), publicidade em pontos de venda (mostruários, compra de gôndolas onde os produtos são mais visíveis...), publicidade pelo objeto, *design* das embalagens, patrocínio, relações públicas, relações com a imprensa etc. Como se vangloria o *Publicitor*, "o arsenal é extenso e a imaginação dos publicitários nunca falha: eles já utilizaram envelopes de cheques postais, programas, cardápios, sacolas, camisetas, caixinhas de fósforos e até dirigíveis"[3].

Consideradas essas variações, as estimativas dos orçamentos colossais que são hoje dedicados à publicidade na França vão de 17 a 39 bilhões de euros. Se partirmos das (sub)estimativas oficiais, o setor publicitário na França teria uma receita de 23 bilhões de euros[4], isto é, 30 vezes mais do que o orçamento do Ministério do Meio Ambiente. E isso representa apenas uma parte do sistema publicitário.

As estimativas da pressão sobre os indivíduos divergem pelas mesmas razões. De acordo com alguns publicitários,

---
3. Bernard Brochand e Jacques Lendrevie, *Publicitor*, Paris, Dalloz, 1993, p. 18.
4. Cf. M.-H. Blonde e V. Rozière, "Le secteur de la publicité en 2000", *Info-Média*, n. 7, 2003.

recebemos de trezentas a mil mensagens por dia; segundo os jornalistas, essa enxurrada seria de 2.500 mensagens e, para os especialistas da *Culture Pub*, pode chegar a 7 mil![5] Esse número aparentemente inverossímil é plausível se incluirmos *todos* os meios pelos quais uma marca se comunica para vender, em especial os logotipos que encontramos o tempo todo em produtos derivados, como sacolas de plástico, roupas etc. A dificuldade dessas estimativas se deve ao fato de que não percebemos de modo *consciente* um décimo das mensagens a que somos expostos. "Nosso cérebro, solicitado por toda parte e a qualquer momento, criou proteções para evitar a submersão. Para o publicitário, a consequência é uma alta mortalidade de anúncios."[6] Essa mortalidade causa tristeza: por que os ingratos consumidores não absorvem gulosamente os anúncios?

Felizmente, para os nossos benfeitores, não é necessário dar atenção às publicidades para que surtam efeito. Basta vê-las com regularidade para que fiquem gravadas em nosso inconsciente. A publicidade não "atua" instantaneamente. Ao contrário, ela funciona como uma banheira de solicitações na qual somos mergulhados ao longo do dia – um *meio* que contribui amplamente para a degradação do nosso meio ambiente.

---

5. Éric Vernette, op. cit., p. 20; *Le Monde Diplomatique*, maio 2001; *Télérama*, n. 2.839, 9 jun. 2004.
6. Éric Vernette, op. cit., p. 20.

A poluição das poluições

Em sentido estrito, a publicidade é uma poluição *energética*. Uma revista semanal de grande circulação contém 50% de publicidade[7]. Isso representa, para um peso médio de 300 gramas e uma tiragem de 500 mil exemplares, cerca de 4 mil toneladas por ano de papel cuchê impresso com tinta muito poluente.

Mas o mailing (endereçado ou não) é o cúmulo do desperdício. É uma produção de "puro dejeto", de objetos *feitos* para acabar majoritária e diretamente na lixeira. Nos Estados Unidos, cerca de 90 bilhões de folhetos são enviados ao ano pelo correio, ou seja, um quinto do número total de cartas do mundo[8]! A França vem logo atrás: a Adrexo se vangloria de distribuir cerca de 5,5 bilhões de folhetos ao ano. E os correios franceses não deixaram a poluição postal nas mãos do setor privado. Após se tornarem líderes nacionais em 2004, empregam os meios à disposição para transformar nossas caixas postais em lixeiras. Por geomarketing, mapeiam as populações para conhecer seus hábitos e então alugam aos anunciantes "listas-alvo" acompanhadas (conforme o valor pago) do número do telefone. O serviço "Particulier Volume" oferece 18 milhões de endereços, e o "Particulier Précision", 5,5 milhões, selecionáveis de acordo com 218 critérios.

---
7. Bernard Cathelat, *Publicité et société*, 5. ed., Paris, Payot, 2001, p. 75.
8. Fonte: Union Postale Universelle.

É claro que tudo isso é apresentado como uma "fonte de enriquecimento para o consumidor"[9].

Os cartazes externos geram um acréscimo de poluição energética (papel, cola, tinta, metal, consumo de energia elétrica em cartazes móveis que corresponde, por ano, ao consumo de duas famílias de quatro pessoas!), um caos visual *imposto* a todos. Segue a declaração de um dos fundadores da publicidade – que poderia ter pensado nisso antes:

> Sou apaixonado por paisagens, e nunca vi nenhuma que tenha ficado melhor com um outdoor. Quando o homem coloca um cartaz na frente de perspectivas agradáveis é que ele se torna mais vil. Quando me aposentar da Madison Avenue, vou fundar um grupo de defesa... para arrancar cartazes durante a noite. Quantos jurados nos condenarão quando formos presos em flagrante delito de generoso civismo?[10]

A França detém o triste recorde europeu de número de outdoors: mais de 1 milhão, 30% a 40% dos quais ilegais, segundo a associação Paysages de France, que denuncia uma

---
9. Os números e as citações deste capítulo foram extraídos dos sites das empresas citadas.
10. David Ogilvy, *Confessions of an Advertising Man*, Nova York, Atheneum, 1963.

legislação particularmente propícia à "pubtrefação" da paisagem. Esse emaranhado de regras complexas, que podem ser objeto de múltiplas alterações, transforma em via-crúcis o simples fato de procurar saber se um outdoor é legal ou não. Em caso de constatação da infração, o responsável não paga multa, se regularizar a situação em algumas semanas... E foi assim que a lepra publicitária desfigurou a França. É óbvio que a JCDecaux, empresa número 1 europeia e mundial em publicidade externa, apresenta seu trabalho como um "embelezamento" e até como uma "redução da poluição visual". E para proteger seus outdoors da ira de suecos que não compartilham seu conceito de "bom gosto", a empresa contratou vigias...

No campo sensorial, devemos acrescentar a poluição sonora dos anúncios de rádio e televisão, que são veiculados em volume mais alto que os programas. Para que essas vociferações fiquem profundamente impressas, os publicitários recorrem a "musiquinhas" tão débeis quanto indeléveis. As rádios comerciais são invadidas por anúncios 15 a 20 minutos por hora; a televisão um pouco menos, considerando-se os limites impostos pela legislação – que os publicitários tentam contornar e até anular. E a poluição audiovisual se impõe até em lugares públicos.

Seria injusto se as nossas narinas permanecessem ilesas nessa solicitação comercial. Felizmente, não falta "espírito

de inovação" ao marketing sensorial. Em 2003, a France-
-Rail-Publicité lançou a primeira "rede de cartazes olfativos",
com "minidifusores de perfumes" integrados a painéis fla-
tulentos. Mas o estágio de poluição total só foi alcançado
pela publicidade motorizada. Ainda nos lembremos das ve-
lhas caminhonetes que acrescentavam à poluição energética, visual, sonora e olfativa a dos painéis e dos megafones.
Esse conceito está ressurgindo. Carros cobertos de publicidade são vendidos em *leasing*, desde que se percorra uma
quilometragem diária mínima. O McDonald's, por exemplo, ofereceu carros-publicidade para pais que pegam seus
pimpolhos na escola. Talvez em breve esses carros estejam
exalando "odores" e, como sempre, justificaremos o "pubfe-
dor" com o fedor do automóvel compensado.

Toda essa poluição energética e sensorial é também *poluição mental*, de degradação do conteúdo da nossa mente. Identificamos mais logotipos do que espécies de flores,
conhecemos mais slogans do que poemas etc. Uma editora italiana, de propriedade do marqueteiro universal Ber-
lusconi, inseriu anúncios no romance *Città e Dintorni*, cujo
autor, Luigi Malerba, declarou que espera "que a publicidade se torne a alma da literatura". A invasão das marcas não
tem limite. A Nestlé comprou a palavra "felicidade", a Pepsi-
-Cola, a cor azul e, para se tornar ainda mais conhecida, a
Benetton explora o sofrimento no mundo, banalizando-o

com seu *shockvertising* (contração de *shocking* e *advertising*, ou publicidade-choque). A publicidade recupera todos os valores para melhor desvalorizá-los e difundir sua ideologia consumista. É uma poluição pluridimensional, que não tem outra finalidade senão estimular o consumo dos produtos do sistema industrial, isto é, da *matriz de todas as poluições*. Nesse sentido, a publicidade é a poluição das poluições.

Escalada, sobrelanço e proliferação

Os publicitários têm consciência de toda essa poluição, e alguns até gostariam de diminuir os excessos. Mas nada muda, sobretudo nas declarações de intenção. Porque essa enxurrada é um *efeito do sistema*, uma consequência inevitável da lógica publicitária.

O arsenal publicitário permite que as marcas "se posicionem" no mercado e construam uma "identidade". Na guerra que travam entre si, economizar meios é se condenar a desaparecer. Para ganhar, é necessário ser ofensivo. Portanto, os beligerantes entram numa lógica de sobrelanço – *quantitativo* e *qualitativo* – das armas utilizadas. Não só o volume de publicidade cresce, como as técnicas publicitárias são cada vez mais variadas, requintadas e agressivas. É uma "corrida ao orçamento publicitário"[11] e, assim como a corrida armamentista,

---

11. Marie-Laure Gavard-Perret, op. cit., p. 66.

é um fator de proliferação. Vejamos como os publicitários explicam a "pressão publicitária": como a "participação no mercado" de um produto é proporcional à sua "voz" no mercado publicitário, sempre que um concorrente aumenta seu orçamento, os outros devem se alinhar para não ficar para trás e até ir além para aumentar sua participação no mercado[12].

Num universo saturado de anúncios, como chamar a atenção do *prospect* ou cliente potencial? Gritando mais alto do que os outros, como prescreve a "lei do quadrado": para dobrar a atenção, deve-se multiplicar por quatro a superfície de exposição[13]. O sobrelanço *quantitativo* é exponencial. E os custos são vertiginosos. Para evitá-los, outras táticas *qualitativas* são possíveis: "Atrair, seja surpreendendo, seja chocando"[14]. Exibições vulgares ou insinuações obscenas são obrigatórias, como o famoso *teasing* (publicidade por episódios) da rede de outdoors Avenir. Segunda-feira, Myriam, só de biquíni, declara: "Daqui a dois dias, eu tiro a parte de cima". Quarta-feira, ela aparece de *topless* e a pressão aumenta: "Daqui a dois dias, eu tiro a parte de baixo". Sexta-feira, ela está nua, mas de costas: "Avenir, a empresa de outdoors que cumpre suas promessas".

---

12. Daniel Caumont, "Budget et contrôle de l'efficacité publicitaire", in Éric Vernette, op. cit., p. 170.
13. Bernard Dubois, *Comprendre le consommateur*, Paris, Dalloz, 1994, p. 62.
14. Éric Vernette, op. cit., p. 22.

Não há limite interno para a publicidade. A concorrência entre as agências garante que sempre haverá uma disposta a fazer o que for preciso para ir mais longe do que as outras. Deveríamos acreditar que, de fora, a opinião pública impõe limites intransponíveis. Mas esses limites são sempre desrespeitados. Por quê? Diante do público, os publicitários invocam a "evolução da mentalidade". (Como as regras jurídicas, consideradas rígidas demais, impedem que eles a acompanhem, é dessa maneira que eles justificam o privilégio da "autodisciplina ética".) Entre eles, o discurso é bem diferente: o sobrelanço corresponde à necessidade de remediar a queda de rendimentos devido às *proteções* que os indivíduos criam para si mesmos, assim como à *habituação*.

Como explica o presidente do IAA France, os jovens telespectadores "possuem a chave para decifrar as mensagens publicitárias e criar defesas cada vez mais fortes contra elas. É necessário surpreender o tempo todo"[15] e, portanto, atacar de surpresa, quando eles menos esperam, para evitar o *zapping* e a decodificação funesta para a "eficiência da mensagem". Foi assim que surgiu o merchandising, uma forma de publicidade disfarçada: achamos que estamos assistindo a uma série de tevê, mas na verdade estamos vendo catálogos organizados conforme o esquema narrativo. A transformação do cinema em "cinemarca" não demorou. Às vezes,

---

15. Bernard Petit, "La pub de demain...", intervenção citada na introdução.

há mais de 150 inserções de produtos num único filme. Para os diretores, esse patrocínio se traduz em alterações de roteiro e horas perdidas para otimizar a "imagem" dos produtos.

O fenômeno da habituação é conhecido. Os viciados devem aumentar constantemente a dose da droga para conseguir o mesmo efeito. Segundo os publicitários, o mesmo acontece em sua insistente profissão. O *prospect* se habitua aos excessos quantitativos e qualitativos da publicidade, o que leva ao aumento das doses e à variação das toxinas, para "contrabalançar o efeito de adaptação" com "táticas de ruptura (variações de mensagens, criação de choques)"[16]. Os americanos apreciam a franqueza: "Os consumidores são como baratas – borrifamos veneno, borrifamos veneno e, no fim, eles acabam imunizados"[17]. Assim, como recomenda um especialista, "é necessário ser audacioso, desrespeitar a norma, ir além do tabu social"[18]. É claro que audácia, aqui, é apenas falta de escrúpulos; e a subversão dos tabus serve, antes de tudo, à ordem mercantil.

Ainda que seja necessário ir sempre além dos limites, isso precisa ser feito de maneira *progressiva*, senão corremos o risco de ter uma overdose. Os supostos deslizes são

---

16. Éric Vernette, *La Publicité...*, op. cit., p. 26.
17. Apud Naomi Klein, *No Logo: la tyrannie des marques*, Arles, Actes Sud/Babel, 2001, p. 37.
18. Henri Joannis, *De la stratégie marketing à la création publicitaire*, Paris, Dunod, 1999.

cuidadosamente calculados. Cutuca-se o limite do inaceitável, sem ir *longe demais*. Mas, considerando-se a habituação, esse limite se desloca com o tempo. Sempre se pode empurrá-lo *um pouco mais para longe*, mas não se deve ir *rápido demais*. Se é verdade que "o excesso de publicidade mata a publicidade", não devemos concluir, contudo, que existe um limite absoluto. O bombardeio publicitário leva a uma "lenta mitridatização que faz o patamar de desinteresse e indiferença subir com os anos, ao mesmo tempo que aumenta o espaço publicitário na mídia"[19]. Portanto, o "excesso de publicidade" é relativo a determinado momento; o patamar de tolerância é *evolutivo*. Há trinta anos, a proliferação a que assistimos hoje seria intolerável. Da mesma forma que ninguém na França suportaria *hoje* a saturação americana – mas quem sabe daqui a alguns anos... E isso vale também para o *shockvertising*. Myriam teria escandalizado vinte anos atrás, mas hoje, para chocar e provocar comentários, passamos ao "pornô chique".

A escalada publicitária entre as marcas, a queda tendencial de eficácia, a passividade dos cidadãos, tudo concorre para o crescimento do câncer publicitário. Como observa com certa malícia Séguéla, rei dos saltimbancos, que trabalha incansavelmente para abrir novos mercados publicitários: "Que dádiva do céu [...] poder escapar do *stress* e do strass, do consumo e da comunicação [...]. Em resumo, ter

---
19. Idem.

uma alma simples e pura"[20]! Num futuro próximo, conseguir preservar a alma desses flagelos será um verdadeiro milagre.

Luminosas perspectivas de futuro

Na França, o gasto anual com publicidade dobrou em menos de dez anos. Estamos vivendo um *boom* publicitário. A parte do PIB destinada a essa indústria não para de crescer: 0,6% em 1995, 0,8% em 1999, e a meta de 1% já foi superada. E essa explosão está longe do fim, já que a França está "atrasada". Nos Estados Unidos, onde o gasto com publicidade aumenta de quatro a seis vezes mais rápido do que o resto da economia, ele já representa mais de 2% do PIB[21].

Portanto, devemos nos preparar para um *boom* permanente, e para uma penetração cada vez mais insidiosa da publicidade na vida pública e privada. A publicidade invade tudo, desde mensagens de texto até banheiro de boteco – como se cartões-postais gratuitos, logotipos em copos e mesas e televisões não fossem suficientes. Aceitar a publicidade é aceitar dinheiro fácil, oferecido de repente. Por que se privar dele? Já conhecíamos os celulares gratuitos com interrupções publicitárias; hoje já se oferecem computadores com o mesmo princípio.

---

20. Jacques Séguéla, prefácio a J. C. Baudot e Sylvie Rau, *Le Père Noël par le Père Noël*, Bruxelas, Glénat, 1992.
21. Daniel Aronssohn, "L'économie de la séduction", *Alternatives économiques*, n. 190, mar. 2001, p. 61; Éric Vernette, op. cit., p. 9.

Enquanto a França ainda embrulha ônibus e trens do metrô, Naomi Klein[22] conta como as marcas americanas se apropriam de edifícios e os transformam em anúncios 3D gigantescos, de bairros, e até de cidades, e rebatizam suas ruas. O patrocínio artístico está invertendo o mecenato. Hoje, as marcas são as estrelas dos eventos culturais, os músicos são vestidos como manequins de vitrines. O merchandising já chegou aos museus: alguns produtos são apresentados no mesmo pedestal das obras de arte e outros testemunhos do passado.

A publicidade está invadindo as escolas francesas. Já começam a aparecer cartazes, maletas pedagógicas para professores e, às vezes, representantes comerciais até os substituem, já que também sabem fazer "demonstrações". Por exemplo, durante algum tempo as marcas de absorventes substituíram os professores de biologia e ensinaram as adolescentes a lidar com as transformações do corpo. Mas tudo isso ainda é muito "inocente" se comparado com a invasão das marcas no ensino dos Estados Unidos.

Nos anos 1990, a colonização publicitária do espaço escolar (lousa, paredes...) e o patrocínio de material educativo nos Estados Unidos cresceram respectivamente 539% e 1.875%. As empresas ditam o conteúdo das aulas, oferecem agendas e manuais cheios de anúncios, dão acesso gratuito

---

22. Naomi Klein, op. cit., primeira parte.

à internet e, com isso, podem não só submeter os alunos a um fluxo contínuo de publicidade, como também estudar suas práticas de navegação e revender essas informações. E, todos os dias, 8 milhões de estudantes veem *em aula* programas de televisão abarrotados de anúncios. Alguns alunos fizeram greve; os mais recalcitrantes foram expulsos; outros passaram um dia num centro de detenção para menores de idade[23].

As marcas já são as estrelas dos *shopping centers*, só faltam ocupar o lugar das estrelas no céu. A ideia de "aproveitar o firmamento", preenchendo o vazio improdutivo com um espetáculo "magnífico e instrutivo", já devia entusiasmar os anunciantes franceses no século XIX para que Villiers de L'Isle-Adam dedicasse ao tema um sublime *conto cruel*, intitulado *L'affichage céleste*. Aviões publicitários já estragam o céu azul das nossas férias, mas a Space Marketing Inc. extrapolou. O desafio é pôr em órbita cartazes de um quilômetro quadrado, com logotipos tão grandes e luminosos quanto a lua cheia. Publicidade absoluta, universal, da qual ninguém poderia escapar.

O sobrelanço publicitário é infinito. Só a imposição de regras jurídicas estritas poderia contê-lo. Mas essa reivindicação

---

23. Michael Moore, *Mike contre attaque!*, Paris, La Découverte, 2002, p. 124-130; Florence Amalou, *Le livre noir de la pub: quand la communication va trop loin*, Paris, Stock, 2001, p. 104.

é muito ingênua, já que os excessos são resultado de uma escolha política que domina todos os partidos e toda a sociedade: menos impostos. Que maná poderia compensar os cortes orçamentários nos serviços públicos? A publicidade, que todo mundo justifica pelo financiamento que traz, se apresentará "naturalmente" para compensar o descomprometimento de um Estado que se retira justamente para diminuir os impostos das empresas que fazem publicidade. E o círculo se fecha: menos impostos é igual a mais publicidade.

Mas, para compreender as razões profundas da proliferação publicitária, é necessário ir além das tendências e entender que a publicidade se inscreve histórica e logicamente no desenvolvimento contínuo do capitalismo industrial.

3 – E o capitalismo criou a publicidade

Placas, anúncios, cartazes e prospectos existem há muito tempo. Nas feiras medievais, pregoeiros, camelôs e charlatões já prometiam maravilhas para atrair o freguês. Mas nada disso tem a ver com a publicidade; no máximo, representa sua pré-história. Foi apenas em meados do século XIX, após a Revolução Industrial, que as primeiras agências apareceram na Europa e nos Estados Unidos. A publicidade emergiu então como uma atividade incontornável, sistemática e especializada.

"Nascida da industrialização", a publicidade se define, segundo os publicitários, como uma "industrialização da arte de vender"[1]. Reduzi-la a uma extensão, ainda que invasora, do hábito dos clientes de frequentar as ruas tradicionais

---

1. Bernard Brochand e Jacques Lendrevie, *Publicitor*, Paris, Dalloz, 1993, p. 6.

de comércio é tão incongruente quanto defini-la como uma forma de jornalismo. Ela está para o letreiro das lojas como as "armas de destruição em massa" estão para o faqueiro. A publicidade se vincula fundamentalmente à produção de massa moderna e ao seu corolário, a imperiosa necessidade de se desfazer da superprodução por meio da venda.

> Foi o maquinismo que trouxe de fato a verdadeira publicidade, criando bens de consumo, em número cada vez maior e redundante, que a população devia absorver... até o fim dos estoques.[2]

Uma economia de subsistência (uma sociedade cujos membros produzem o que necessitam para viver) com certeza não precisa de publicidade. E isso vale também para uma economia de mercado moderna e próspera, rural e artesanal, como a dos Estados Unidos até meados do século XIX. A máquina publicitária apareceu a partir do momento em que houve, pela primeira vez na história, uma grande indústria muito concentrada, que produzia *em massa* bens de consumo corrente para um mercado nacional (e até além), com novos procedimentos técnicos que prefiguravam a automatização. A emergência da publicidade resulta então desta tripla necessidade das grandes empresas:

---

2. Bernard Cathelat, *Publicité et société*, 5. ed., Paris, Payot, 2001, p. 57.

1. Controlar esse amplo mercado nacional, garantir que conseguirão vender, além dos circuitos locais tradicionais, as imensas quantidades de produtos produzidos. O que não é muito fácil, já que o "mercado" não é mais um conjunto concreto de clientes mais ou menos conhecidos, mas uma massa abstrata de consumidores longínquos. Assim, torna-se indispensável gastar quantias consideráveis para fidelizar desconhecidos, graças a meios de comunicação modernos, que têm a "vantagem" justamente de se direcionarem às "massas". A publicidade troca a relação pessoal com a clientela da época pré-industrial por um sucedâneo de vínculo padronizado e impessoal, por mais que se diga "personalizado e privilegiado".

2. Vender os produtos secundários ou residuais oriundos dos novos procedimentos industriais, como a *fabricação contínua*. Tomemos o exemplo da produção de flocos de aveia nos Estados Unidos. Alimento tradicionalmente reservado aos animais, novas máquinas revolucionaram sua produção a partir de 1880. Permitiram, ou melhor, exigiram o beneficiamento permanente de quantidades tão grandes de aveia que foi necessário *inventar* do nada um novo mercado para vender os excedentes e tornar o investimento rentável. Foi assim que surgiram os cereais matinais, cuja distribuição para o grande público foi sustentada pela publicidade e... por autoridades científicas. As grandes empresas quase sempre podem contar

com o apoio destes para auxiliar na "educação das massas", a pretexto de saúde. Logo vieram novos cereais à base de trigo, flocos de milho, alimentos prontos para bebês, todos nascidos da nova produção industrial e tomando progressivamente o lugar dos alimentos que a população costumava consumir.

Da mesma forma, foi para utilizar plenamente a capacidade de suas novas instalações de produção de sabão que a Procter & Gamble se lançou na produção de água sanitária, óleo de algodão e óleo de cozinha, coisas que as pessoas obtinham de outra forma, em geral recuperando e transformando produtos domésticos. Mais recentemente, foi seguindo essa mesma lógica – evitar perdas financeiras pela não utilização de restos de carcaças – que a indústria agroalimentar transformou esses restos em "farinhas animais" para o consumo de rebanhos habitualmente não carnívoros. Não foram as vacas que ficaram "loucas", mas as indústrias, que se prenderam a um sistema que as obriga a adotar procedimentos cada vez mais delirantes para manter os lucros.

3. Diferenciar e valorizar produtos industriais cuja uniformidade só é igual à sua má qualidade. De fato, as novas técnicas de produção levam a uma padronização considerável dos bens de consumo corrente. Assim, a missão dos publicitários consiste em conseguir que os consumidores

façam distinção entre mercadorias que não se distinguem em quase nada. Como eles mesmos dizem de maneira tão apropriada: num "mundo de bens equivalentes", é pelo "fator psicológico, isto é, por meio de técnicas de persuasão, que o produtor pode esperar a diferenciação valorizadora que leva ao ato de compra"[3]. Trata-se de criar um "valor imaginário agregado, sem o qual os produtos não seriam o que são"[4].

No fundo, a publicidade não é mais do que a *indústria da promoção da indústria*. Sua função principal consiste em promover o consumo de produtos industriais e a substituição dos usos populares tradicionais por eles. Os cigarros manufaturados substituíram o cachimbo e o rapé; os refrigerantes substituíram a água; a comida caseira foi substituída por pratos prontos cuja falta de sabor é mal disfarçada pela abundância de aditivos cancerígenos.

O surgimento da publicidade coincidiu com a entrada numa nova era do capitalismo, uma época de realização do sistema. Como a acumulação do capital se baseia hoje na produção de massa, ele só pode perdurar se todas as dimensões da vida social e individual forem colonizadas. O imperativo de produzir sempre mais se traduziu logo pela imposição de consumir maciçamente.

---
3. Bernard Cathelat, *Publicité et société*, 5. ed., Paris, Payot, 2001, p. 58.
4. Jacques Séguéla, *Le vertige des urnes*, Paris, Flammarion, 2000, p. 34.

A lógica capitalista de acumulação sem fim

Por que falamos do imperativo de produzir sempre mais? Porque o capitalismo é um modo de produção baseado no princípio de acumulação *sem fim* do dinheiro. Sem fim significa: *sem meta*, sem outra finalidade a não ser a própria acumulação. Essa acumulação de dinheiro visa apenas à sua própria prorrogação; consequentemente, fica *sem limite*, sem prazos previsíveis. Portanto, esse sistema econômico, absurdo e prometeico tem vocação para se apropriar de todo o mundo concreto, da natureza e dos homens, com o intuito de "valorizá-los". É claro que, para isso, é necessário que as mercadorias produzidas sejam vendidas e, portanto, tenham uma "utilidade" dentro do quadro social remodelado pelo sistema. Mas o valor de uso ainda é algo secundário e subordinado à geração de lucro.

Essa lógica é o inverso da lógica econômica normal. Em *O capital*, Karl Marx opunha:

– a lógica das necessidades: Mercadoria ⇨ Dinheiro ⇨ Outra mercadoria (M-D-M');

– a lógica do lucro: Dinheiro ⇨ Mercadoria ⇨ Mais dinheiro (D-M-D+).

É legítimo querer trocar o produto do seu trabalho (M) por dinheiro para poder comprar *outras mercadorias* produzidas por outros trabalhadores (M'). Nessa lógica tradicional, o princípio e a finalidade são a satisfação das nossas diversas necessidades por meio das mercadorias. O dinheiro é apenas um meio para que os indivíduos, que não podem produzir tudo sozinhos, possam se completar pela troca dos produtos de seus respectivos trabalhos.

A lógica capitalista é completamente diferente. Um indivíduo dispõe de um capital inicial (A), que ele quer ver render. Ele investe esse capital na produção de mercadorias e em seguida as vende, tratando de conseguir com elas *mais dinheiro* do que o capital inicial (A+). O dinheiro não é mais um meio de troca, mas uma finalidade em si. A troca se torna o *meio* de transformar determinada quantia num valor mais alto, que será reinvestido para não correr o risco de se desvalorizar, e assim por diante. Então, não nos surpreende que, apesar da "riqueza" indecente das nossas sociedades, as necessidades básicas de parte da população não sejam satisfeitas. Esse não é o objetivo desse sistema que subordinou a satisfação das necessidades por meio da troca à acumulação de capital.

Ao contrário do que se acredita, Marx não foi o primeiro a perceber essa inversão e a manifestar preocupação. Mais de dois mil anos antes dele, Aristóteles já havia feito a distinção entre os dois processos. Chamou o segundo de *crematístico* e considerou que essa troca mercantil – que não visava à satisfação de uma necessidade, mas à acumulação de dinheiro – era uma prática altamente condenável do ponto de vista moral e político, já que podia desfazer as comunidades, os vínculos não mercantis. Com a modernidade industrial, essa prática se intensificou e se generalizou, apoiando-se, entre outras coisas, num aparato de produção que ameaça as condições de vida. Portanto, não é necessário ser marxista para considerar que essa inversão é um dos maiores feitos da modernidade e um dos maiores obstáculos à realização dos seus ideais.

Como podemos ver, não se trata de condenar a troca em si – que foi praticada por todas as sociedades do passado, internamente ou entre si – ou a existência da moeda. Ao contrário, trata-se de criticar uma lógica de valorização sem fim que leva à deturpação e à expansão conjunta de ambas. De certa forma, todas as economias anteriores ao capitalismo eram, muito mais do que a nossa, economias de troca. As noções de "troca" e "mercado", que sugerem paz e cooperação, escondem muito frequentemente no espírito contemporâneo o fato moderno central da acumulação, portadora de uma guerra econômica permanente.

Assim, o capitalista só investe num processo de produção se achar que terá retorno financeiro. Esse imperativo básico da economia capitalista, no nível (microeconômico) do empreendedor individual, traduz-se no nível global (macroeconômico) pelo imperativo categórico do crescimento.

O imperativo do crescimento

Para cada nação que participa do grande jogo econômico mundial, é vital que o Produto Interno Bruto (PIB), a "riqueza nacional", aumente a cada ano. O capitalismo proíbe a estagnação. Não se trata de uma fantasia pessoal de certos líderes políticos ou econômicos, de uma cultura nacional (americana, por exemplo) ou de uma fase de "desenvolvimento". Por natureza, o capital só sobrevive no movimento e na expansão. Consequentemente, nossa sociedade também depende dessa expansão! A estagnação gera automaticamente desemprego, redução de salários, diminuição de encargos tributários e sociais (o número de contribuintes e o valor total dos encargos diminuem). Daí resultam dificuldades para financiar as "indispensáveis" transferências de renda (bolsas diversas, pensões, aposentadorias...), que só serão dispensáveis se a economia voltar a crescer.

Basta pensarmos nas dificuldades que a sociedade francesa enfrentou nos últimos quarenta anos, pois o crescimento econômico foi de "apenas" 2% ao ano, em média. Mesmo assim, a riqueza nacional dobrou ao fim desse período! Mas a nossa organização socioeconômica exige que a riqueza produzida não pare de crescer, e cresça cada vez mais rápido. O crescimento anual deve ser sempre superior ao do ano anterior. Nesse contexto, um crescimento "apenas" constante da riqueza nacional é um freio insuportável, cujas consequências desabam sobre nós em prazos mais ou menos curtos, já que os nossos recursos diminuem cada vez mais em relação ao crescimento financeiro. De fato, cada vez mais cidadãos modernos não têm acesso a recursos não monetários gratuitos. Sem idealizar o passado, é importante ter consciência de que muitas transformações vistas com frequência unilateralmente como progressos – urbanização, expansão do assalariamento etc. – tornaram os indivíduos cada vez mais dependentes de um movimento econômico que é cada vez mais independente das necessidades deles.

E quando não se trata mais de uma redução do crescimento, mas de um recuo da produção (um decrescimento), então a economia e a sociedade modernas são literalmente ameaçadas de ruína. Por exemplo, é chocante pensar que a riqueza anual produzida pelos Estados Unidos foi dividida por dois entre 1929 e 1933: em apenas três anos, a economia americana voltou aos níveis que tinha em 1900!

Uma economia capitalista não pode estagnar ou recuar por muito tempo. Se fizer isso, ela corre o risco de desmoronar cumulativamente (nesse sentido, a estagnação prolongada do Japão nos últimos dez anos é um fato excepcional). E é somente à luz do trauma causado pela crise americana de 1929 (e suas consequências mundiais) que podemos entender o tom vibrante e patético dos socialistas franceses após os atentados de 11 de setembro de 2001. Na época, como generais dos exércitos econômicos, convocaram solenemente uma "mobilização de todos para que seja fortalecido o círculo positivo de consumo, crescimento e criação de empregos". Os consumidores tinham de provar seu "patriotismo econômico" e não ceder a uma "sinistrose", que seria fatal para a economia[5].

Desde a crise de 1929, o consumo de mercadorias de massa foi alçado a *imperativo cívico* em todas as economias industrializadas. Nos anos 1950, Eisenhower explicava que o bom americano devia "assumir sua função econômica" e consumir "qualquer coisa"; as rádios repetiam canções que diziam que "comprar é um dever do cidadão"[6]. O superconsumo se tornou indispensável para o movimento de expansão das nossas economias. Qualquer diminuição de consumo pode provocar uma suspensão de investimentos nas empresas, uma queda da produção, demissão e desemprego. Globalmente, esse sistema econômico só pode sobreviver se as populações consumirem cada vez mais as mesmas mercadorias, ou então novos tipos de mercadorias, o que implica estender o campo das atividades monetizadas e lucrativas. A *mercadorização* de novos setores da atividade social e

---
5. Cf., entre outros, Lionel Jospin, *Ouest-France*, 27 set. 2001.
6. Cf. Vance Packard, *L'art du gaspillage*, Paris, Calmann-Lévy, 1962, p. 26-28.

humana, que hoje suscita tanta indignação, insere-se necessariamente na dinâmica capitalista.

Somos prisioneiros de uma mecânica infernal. É da própria natureza desse sistema levar as sociedades constantemente à beira do abismo, ou pelo menos mantê-las nessa posição de maneira artificial. Vejamos o exemplo da França dos anos 1945 a 1947. A sociedade sofria com a penúria por causa das duas guerras mundiais. A rápida retomada da produção era necessária para a sobrevivência de boa parte da população, que carecia de roupas, moradia e mesmo de alimentos básicos. Mas o que é notável é que, depois que a "reconstrução" foi considerada terminada, o imperativo de *produzir sempre* continuou com a mesma urgência. O país precisou se modernizar continuamente, tornar-se sempre mais eficiente e competitivo.

As economias capitalistas são assombradas pelo fantasma da penúria. O problema da sobrevivência nunca está resolvido porque, se não se produzir mais, a economia desmorona. Assim, mesmo quando as necessidades básicas de todos estão satisfeitas, mesmo quando se chega ao ponto em que o problema das quantidades disponíveis dá lugar à questão da distribuição, mesmo quando esse ponto já foi ultrapassado e parte da população começa a perder tempo, produzindo coisas inúteis ou nocivas, *apesar de tudo, é absolutamente necessário crescer*. Portanto, é da própria natureza da nossa sociedade inventar sempre novas necessidades, pois ela é prisioneira de uma lógica de "sobrevivência aumentada", segundo a luminosa expressão de Guy Debord em *La société du spectacle* [*A sociedade do espetáculo*][7]. Ela afasta cada vez mais os limites do risco para a sobrevivência (isto é, a escassez). A abundância e a vida (a verdadeira, a que não é submetida ao imperativo de trabalhar e consumir sem parar) escapam de nós quando acreditamos nos aproximar delas, ou quando nos fazem vislumbrá-las.

Não há dúvida de que não é fácil para uma sociedade resolver o problema da escassez, e mais de uma bateu de frente com os limites que a natureza impõe aos homens. Mas uma sociedade capitalista não pode resolver esse problema, ainda mais hoje, que somos quase 7 bilhões no planeta e a escassez está mais próxima do que no passado. Esse tipo de organização socioeconômica "não foi feito para isso": "foi feito" precisamente para que o problema da escassez nunca seja resolvido. Portanto, é urgente sair desse sistema. Mas isso não acontecerá com a estatização da economia.

Capitalismo e "socialismo", duas variantes da ideologia produtivista

Ao nos posicionarmos resolutamente contra esse tipo de economia que rege as sociedades ocidentais há dois séculos (e,

---

7. Rio de Janeiro, Contraponto, 2009. (N. T.)

hoje, o mundo inteiro), obviamente não temos em mente que o "socialismo realmente existente" do século XX, nos países da Europa Oriental e do Extremo Oriente, tenha sido uma alternativa. Na verdade, durante suas tristes décadas de existência, os Estados "socialistas" não implementaram mais do que um sucedâneo do capitalismo: um capitalismo de Estado, ou capitalismo burocrático. A velocidade com que a China passou da tragédia maoísta ao Grande Salto Adiante capitalista deveria convencer até os mais céticos de que o "capitalismo liberal" e o "socialismo real" foram, em vários aspectos, apenas as duas faces visíveis da mesma fita de Moebius, as duas variantes de um mesmo projeto de "valorização" produtivista do mundo.

É importante desmentir aqui uma opinião preconcebida, amplamente difundida pelos apologistas da publicidade: esta última seria uma "instituição da liberdade", já que não existia na URSS. Na verdade, ela existia, mas muito menos do que nos Estados Unidos. Nos anos 1970, os investimentos em publicidade se comparavam apenas aos da Itália. Considerando-se os delírios do planejamento, alguns produtos eram absolutamente raros, enquanto outros eram produzidos em abundância. Para favorecer a venda, os soviéticos recorreram à publicidade, como em qualquer outro país industrial[8].

---

8. A respeito da publicidade na URSS, cf. o dossiê da *Advertising Age*, 12 mar. 1979.

Assim, o "socialismo" nunca questionou o imperativo categórico do produzir sempre mais e, para isso, explorar os homens e a natureza. Definindo o capitalismo pela dinâmica de acumulação sem fim, demarcamo-nos daqueles (infelizmente tão numerosos) que veem a questão social apenas como um direito de propriedade. Numa economia industrial, a questão do caráter privado ou público, mais ou menos socializado, da propriedade é secundária (em vários aspectos, aliás, nossas economias "de mercado" são muito socializadas). Se considerarmos o que as nossas sociedades modernas produzem, temos apenas de escolher entre dois modos de gestão de uma dinâmica que permanece fundamentalmente a mesma, e o que precisa ser criticado é o que se produz.

A URSS e seus países-satélites escolheram a coletivização, a centralização e a planificação burocrática da economia. Acontece que, por múltiplas razões que não pretendemos desenvolver aqui, o desempenho dessa via foi inferior ao da via "liberal". O capitalismo de "economia de mercado" (isto é, com doses controladas de planejamento e intervenção do Estado) soube promover melhor o acúmulo de riquezas. Isso se deve principalmente ao fato de que ele conseguiu vender às populações ocidentais o que apenas o socialismo parecia capaz de oferecer no século XIX: o conforto material. De fato, antes das duas guerras mundiais, era inimaginável que uma melhoria (mesmo aparente e provisória) das condições de vida, principalmente para as classes trabalhadoras, pudesse acontecer sem que antes esse sistema econômico rejeitado pelas massas fosse abolido. Para compensar a perda do controle direto dos meios de subsistência e produção, os cidadãos modernos ganharam (de forma desigual, é claro) o direito de consumir em abundância as mercadorias que a publicidade exibe diante dos seus olhos arregalados.

Aparentemente, isso foi suficiente para sufocar todos os projetos de emancipação formulados durante a primeira metade do século XX, e cujos últimos ecos foram as revoltas de 1968 e dos anos seguintes. A publicidade é um dos pilares da sociedade capitalista. Pouco a pouco, tornou-se um setor produtivo em si, embora pareça não produzir nada. Mas talvez produza o essencial: o desejo incessantemente renovado de comprar. Levando ao conformismo da pseudodistinção e ao abandono de todas as práticas autônomas da vida tradicional, formatando e delimitando o imaginário dos indivíduos, ela tem um papel dos mais importantes na preservação da ordem social atual. É ilusório querer contestá-la sem questionar também essa ordem.

4 – A generalização do consumismo

O desenvolvimento do capitalismo no decorrer das diversas revoluções industriais não podia ser feito sem uma remodelação profunda da vida cotidiana. O *consumismo* é a consequência sociocultural dessa dinâmica. O consumo se tornou assunto das nossas discussões e objeto das nossas fantasias. Como diz Jean Baudrillard, ele é a "moral" do nosso tempo[1]. Mas falar de *sociedade de consumo* é correr o risco de conservar a ilusão de que ela seria fundamentalmente diferente da sociedade (de produção) industrial. Como se uma pudesse funcionar sem a outra. Como se o modo de produção capitalista não pudesse gerar um modo de vida baseado no hiperconsumismo.

---

1. Jean Baudrillard, *La société de consommation*, Paris, Gallimard, 1983, p. 114.

Há, sem dúvida, uma defasagem histórica entre o surgimento da sociedade industrial – centrada na fábrica – e a sua realização na sociedade – organizada em *shopping centers* e supermercados, *fábricas de consumo* que pressupõem uma rede mundial de fábricas de produção. No século XIX, o capitalismo produzia sobretudo infraestrutura de produção e mercadorias de luxo para os mais ricos. Para a maioria da população, os bens de consumo corrente provinham da economia doméstica e do pequeno comércio local. No século XX, o consumo de massa se integrou pouco a pouco aos circuitos capitalistas. Nessa generalização do consumismo, a publicidade teve um papel crucial e ao mesmo tempo limitado. Se o peixe mordeu a isca, foi porque o sistema publicitário soube aproveitar – e exacerbar – as dinâmicas sociais e pulsionais existentes. E também porque, na maioria das vezes, as condições de vida dão pouca liberdade para vivermos de outra forma que não seja à sua imagem. Mas, antes de tudo, devemos destacar que essa generalização correspondeu a uma dupla necessidade econômica, sem dúvida, mas também política.

A necessidade econômica de controlar o mercado

Contentar-se em dizer que o consumismo só foi "possível" com base no produtivismo é apresentá-lo como uma "oportunidade histórica" que os novos meios de produção teriam oferecido ao homem. O consumismo seria a utopia universal realizada, a terra da abundância com que todas as épocas teriam sonhado. Como aquele anúncio: "Você sonhou, a Sony criou". Da mesma forma que as indústrias dizem realizar os "desejos mais profundos" dos consumidores, o consumismo realizaria os "sonhos imemoriais" da humanidade. É como um conto de fadas: "Era uma vez um homem cheio de necessidades, mas a natureza má o condenou à privação. Depois de um longo caminho de progresso e ciência econômica, ele descobriu a sociedade industrial, com que sempre sonhara. Então, ele foi feliz para sempre".

A história real mostra algo muito diferente: o consumismo foi historicamente necessário como condição *sine qua non* da sobrevivência do capitalismo. O fato de ele ser o resultado lógico do capitalismo é suficientemente ilustrado pelos aspectos concretos desse modo de vida. Tudo o que caracterizava o trabalho nas fábricas no século XIX se estendeu à vida cotidiana: a organização cronometrada do tempo (que não pode ser desperdiçado), a "racionalização" do cotidiano (imperativo da eficiência, culto do desempenho) e sua automatização (reino das máquinas). Levamos uma vida industriosa para poder nos oferecer obrigatoriamente os últimos produtos milagrosos da indústria. Pelos tipos de objetos que consumimos e pela quantidade, o consumo se tornou industrial.

Quando afirmamos que essa industrialização da vida cotidiana foi necessária, e teve de ser imposta ou pelo menos *estimulada* pela publicidade, deparamos com o ceticismo daqueles que permanecem fascinados pelo universo industrial e consumista – em geral, os mais entusiastas são os que nunca pisaram nas fábricas onde suas mercadorias-fetiche são produzidas. Para eles, o consumismo é resultado apenas da "livre escolha" dos indivíduos. Essa reprodução da ideologia liberal tem a vantagem de contar com o apoio imediato da consciência individual, que normalmente se recusa a reconhecer que é influenciável. Contestá-la parece não levar a nada, já que é sempre mais fácil fazer as pessoas acreditarem que são livres e até soberanas do que fazê-las entender que as coisas não são tão simples. Mas tentaremos, apesar de tudo, começando por lembrar a declaração de um publicitário americano dos anos 1920, na famosa revista *Printer's Ink*: "O aparelho produtivo moderno [...] não somente permitiu, mas até tornou indispensável, que a maioria das pessoas tenha conforto e lazer, que o destino das empresas dependa da sua capacidade de fabricar tanto clientes quanto produtos."[2]

Esse texto desmente a explicação liberal do consumismo, que opõe nosso sistema (a economia de "mercado") à economia planificada dos soviéticos. O mercado ideal, que

---

2. Apud Stuart Ewen, *Consciences sous influence*, Paris, Aubier Montaigne, 1983, p. 65.

imaginamos a partir das feiras de aldeia de antigamente, põe em concorrência uma *multidão de produtores* que oferecem produtos diversos, para que os consumidores façam sua escolha. A "mão invisível" garante que a oferta se ajustará à demanda, e os produtores respeitarão as exigências dos consumidores. É a teoria do *democratic marketplace*, em que "o cliente é rei", enquanto no sistema planificado os burocratas decidem o que será oferecido aos consumidores. A generalização do consumismo se explicaria assim pelas "necessidades inatas" e pelos "desejos espontâneos" dos indivíduos.

Essa teoria afirma se inspirar nas ideias de Adam Smith, que viveu no fim do século XVIII, numa época pré-industrial, quando o sistema publicitário ainda não existia. Ela analisa a lei da oferta e da procura sem fazer referência aos intermediários. Para ela, é como se a publicidade, intermediária entre produtores e consumidores, não existisse. Na verdade, seria inconveniente incluir nas sábias abstrações do "puro mercado" e do "equilíbrio geral" o que diz respeito às manobras comerciais.

O economista americano J. K. Galbraith mostrou que essa teoria não valia para as economias modernas, cujo setor industrial, que não para de crescer, caracteriza-se pelo fato de a multidão de produtores se reduzir a um *punhado de grandes empresas*. A partir de certo nível de concentração, as empresas são obrigadas a prever e, portanto, a *planejar* suas atividades. Quando investem capitais enormes com anos de antecedência, elas devem ter garantias de que a produção de massa será vendida. Então, o mercado cede a vez à "ordem invertida": é a oferta que regula a procura, e essa regulação significa que o mercado é condicionado por uma indústria que "abarca uma enorme rede de comunicação, um amplo leque de organizações de comércio e venda, a quase totalidade da indústria publicitária..."[3]. Com o sistema publicitário, a "mão invisível" se transformou em bombardeio ininterrupto.

O que se tornou objeto de elogio permanente de pretensos liberais não tem nada a ver com o mercado de Smith. Trata-se, na verdade, para empregar a expressão de Henri Lefebvre, da "sociedade burocrática de consumismo dirigido"[4], que foi objeto de análises críticas por parte da Escola de Frankfurt, na Alemanha, do grupo Socialisme ou Barbarie, na França, do Center for the Study of Commercialism, nos Estados Unidos, e, obviamente, da Internacional Situacionista.

O consumismo, um projeto político de controle social

Essa análise econômica é confirmada por Stuart Ewen em *Consciences sous influence* [Consciências sob influência], uma história da publicidade e da ideologia consumista america-

---
3. John Kenneth Galbraith, *Le nouvel État industriel*, 3. ed., Paris, Gallimard, 1979, p. 245.
4. Henri Lefebvre, *La vie quotidienne dans le monde moderne*, Paris, Gallimard, 1968, p. 133.

nas entre as duas guerras mundiais. Sabemos que os métodos industriais de trabalho foram impostos em geral pelos dirigentes. Na maioria das vezes, os operários experimentaram esses "progressos" como uma degradação das condições de trabalho e chegaram a se revoltar algumas vezes. O consumismo também foi imposto pela indústria, principalmente por intermédio da publicidade. Mas encontrou menos resistência.

A industrialização da produção no fim do século XIX gerou tamanho crescimento da quantidade de mercadorias produzidas, que os grandes empresários americanos entenderam, como disse um deles, que ia ser necessário "impor certo nível e certo tipo de consumo"[5]. A ideia de que a classe trabalhadora podia e *devia* participar do sistema industrial de outra maneira, como "massa consumidora", começava a se fortalecer. Mas, além dessa necessidade econômica, havia uma necessidade política. No começo do século XX, a situação social americana estava muito agitada. Em vez de exigir uma regulação das condições de salário, os operários queriam a abolição pura e simples do que consideravam uma forma moderna de escravidão. Como dizia em 1915 Meyer Bloomfield, um empresário influente na época, o problema principal dos empregadores era "controlar os homens".

---
5. Apud Stuart Ewen, op. cit., p. 28. Todas as citações a seguir foram tiradas do começo desse livro.

Como dominar esse ardor anticapitalista que criticava as condições de vida impostas pela indústria?

A pressão das lutas sociais e o fantasma da superprodução se intensificaram no fim da Primeira Guerra Mundial. Os empresários precisavam encontrar uma solução para esse problema duplo, e a ideia de matar dois coelhos com uma cajadada só se impôs. Oferecendo conforto aos trabalhadores através do consumo, eles venderiam os excedentes e acalmariam os contestadores. Esse vasto programa foi formulado em 1929 por Christine Frederick:

> *Consumptionism* é o nome dado à nova doutrina; e, hoje, admite-se que seja a maior ideia que a América já deu ao mundo, a ideia de que as massas trabalhadoras [...] também podem ser consideradas *consumidoras*. [...] Pague mais para vender mais a eles e ter mais lucro, é desse modo que se deve raciocinar.[6]

Podemos ver que a ideia de generalizar o consumismo não era desinteressada. Como sempre, o que se queria era gerar lucro e desviar os operários do ideal de autogestão. Mas essa "grande ideia" teria repercussões muito mais

---
6. Christine Frederick, *Selling Mrs. Consumer*, Nova York, The Business Bourse, 1929.

profundas, porque implicava um *novo conceito do ser humano e da ordem social.*

O "consumidor" é uma figura abstrata, individualista e despolitizada. Abstrata, porque "o" consumidor não existe: é uma função. Mas ao se dirigir a essa figura média, totalmente construída para responder aos imperativos de uma produção padronizada, os publicitários homogeneizaram e padronizaram a população. Ele também é uma figura individualista e despolitizada, pois, ao contrário do proletário, só tem reivindicações privadas. Não pertence a uma classe, mas a uma massa. Ora, esse novo conceito acabou se impondo a todos, relegando as outras figuras humanas (o cidadão, o intelectual humanista, o operário engajado...) a peças de museu. O homem foi reduzido assim ao papel de apêndice das cadeias produtivas.

Essa ideia também implicava um novo tipo de controle social. Ewen mostra que os capitães da indústria queriam ser "capitães da consciência". Em 1925, Meyer Bloomfield declarava que a "nova profissão de gerente de pessoal devia ir além das questões de organização da fábrica e se interessar pela racionalização do quadro de vida dos trabalhadores". Dentro desse projeto de *gerenciamento* da vida cotidiana, e principalmente da dona de casa, a publicidade apareceu como ferramenta ideal. Era preciso fazer as "massas" trabalharem mais uma vez para a acumulação de capital, estimulando-as a consumir *em casa* o que produziam *na fábrica*. Assim, não nos surpreende que tenha sido precisamente nos anos 1920 que as despesas com publicidade tiveram um pico histórico, proporcionalmente à renda americana. Em 1922, representavam 4,3% dessa renda[7].

Da mesma forma que a racionalização da produção exigira estudos detalhados sobre o trabalho operário, os peritos começaram a dissecar a vida cotidiana das massas. Como proclama Cathelat, fundador do Centro de Comunicação Avançada que analisa "estilos de vida" para apurar a segmentação social, na nossa "sociedade de consumo de massa forçado [...], a vida social e privada dos indivíduos [...] suscita pouco a pouco um interesse considerável nos produtores, os quais desejam não só conhecê-la, como também orientá-la". A publicidade é "uma escola social de consumo indispensável para o equilíbrio do sistema". Sua missão é ensinar a "profissão de consumidor"[8]. O consumo é um trabalho social extorquido, além de ser o primeiro, e a publicidade deve fazer de tudo para que ninguém fique ocioso.

Acreditar que o consumismo se difundiu de forma espontânea é um tremendo erro. Por trás desse modo de vida,

---

7. Joachim Marcus-Steiff, "Publicité", *Encyclopaedia Universalis*, 1985, v. 15, p. 427.
8. Bernard Cathelat, *Publicité et société*, 5. ed., Paris, Payot, 2001, p. 61--63 e 138.

havia um projeto de consolidação do sistema capitalista. Obviamente, a publicidade teve um papel central na sua generalização, mas não o explica por si só. Se os publicitários são megalomaníacos que afirmam na *Printer's Ink* "fabricar consumidores em linhas de montagem"[9], essas declarações são, antes de tudo, demonstração de fantasias de poder absoluto. Para entender o consumismo, não basta responsabilizar os publicitários. A publicidade só conseguiu representar seu papel canalizando as dinâmicas que a antecederam.

O consumo como lógica social de distinção

A questão do papel da publicidade na generalização do consumismo se impõe na medida em que esse modo de vida é manifestamente patológico. Em princípio, a satisfação põe fim ao consumo. Mas, no consumismo, é como se não houvesse fim possível. O consumo se torna *insaciável* e vê a si mesmo como objeto. O indivíduo não consome mais para satisfazer determinada necessidade, mas para *consumir*. O *shopping* é o último estágio. O desejo compulsivo e a necessidade de comprar substituem a necessidade das coisas que realmente precisam ser compradas. O consumismo é uma droga, uma bulimia mercantil que nada parece poder limitar, nem o fato de ficar obeso.

---

9. Apud Vance Packard, *L'art du gaspillage*, Paris, Calmann-Lévy, 1962, p. 214.

Tamanha desmedida é incompreensível, se nos ativermos à ideia ingênua de que o consumo humano, assim como a nutrição animal, obedece a uma necessidade vital. O fato de comer alimentos por seu valor energético é um imperativo biológico para todos os seres vivos. Mas os seres humanos nunca consomem as coisas *somente* pelo seu valor de uso, pela sua capacidade de satisfazer às necessidades. O consumo tem também um significado social e cultural. Damos novo sentido aos objetos que consumimos, queremos manipulá-los como símbolos dos nossos vínculos sociais ou culturais. Consumimos para nos diferenciar e afirmar nossa identidade em relação aos outros. Essa lógica de consumo ostentatório sempre existiu, até entre os povos primitivos. E todos podem constatar, em si mesmos e ao seu redor, o "orgulho" que causa possuir o último brinquedinho da moda.

Em sociedades não igualitárias como as nossas, essa lógica obedece em geral a uma vontade de ascensão social. Os indivíduos tentam galgar a hierarquia social e manifestar o *status* adquirido pela posse dos objetos que o representam. A aspiração dos menos favorecidos consiste em ter o mesmo nível de consumo que os mais favorecidos, e a preocupação dos ricos é manter um consumo que os distinga dos pobres. O consumo se torna competição. Nos Estados Unidos, existe um ditado que diz: "Nunca fique atrás dos Jones".

Portanto, o consumo não obedece à lógica *individual e biológica* da satisfação das necessidades, mas a uma lógica *social* em que os bens consumidos são símbolo de *status*. Como escreveu Baudrillard:

> Nunca consumimos o objeto em si (em seu valor de uso) – sempre manipulamos os objetos (no sentido mais amplo) como símbolos que nos distinguem, seja nos associando ao nosso próprio grupo tomado como referência ideal, seja nos diferenciando do nosso próprio grupo por referência a outro grupo de *status* superior.

Dessa forma, entende-se melhor a espiral do consumismo. A situação de cada indivíduo na escala social é sempre *relativa* a graus superiores ou inferiores: a competição pelo prestígio implica procurarmos nos juntar ao grupo admirado e nos diferenciar daquele que desprezamos. Processo infinito, já que sempre encontraremos alguém acima de nós para imitar, ou abaixo de nós para nos distanciar. Só essa relatividade "pode explicar o caráter fundamental do consumo, seu caráter *ilimitado*"[10].

Não podemos compreender o consumismo sem entender a lógica social de distinção que rege o consumo. Mesmo

---
10. Jean Baudrillard, op. cit., p. 79-80.

assim, essa lógica não se explica *por si só*. É o capitalismo industrial que torna possível e necessário que o consumo entre numa espiral sem fim. Na verdade, a lógica capitalista aderiu a uma lógica de distinção que já existia. Nesse sentido, o papel da publicidade – subestimado por Baudrillard – é crucial: *ele assegura a ligação entre a lógica social da distinção pelo consumo e a lógica econômica da acumulação do capital pela produção industrial – ligação que define o consumismo.*

A lógica do consumo não implica em si mesma que procuremos nos distinguir pelo superconsumo de mercadorias industriais. Podemos nos destacar consumindo outras coisas, ou consumindo menos. Em geral, os burgueses demonstram um gosto pronunciado por produtos artesanais antigos e certa aversão (bastante compreensível) pelas mercadorias de má qualidade produzidas em suas fábricas. Era necessário adequar o consumo à indústria. Qual foi o papel da publicidade nesse processo?

Atiçar a vontade para criar novas necessidades

Os publicitários frequentemente recorrem a noções de "necessidade" ou "desejo" para explicar seu trabalho. Mas as necessidades – limitadas – são incapazes de explicar a lógica infinita do consumismo. Falam então em desejo, que não conhece limites. Mas ninguém acredita realmente que a selvagem dinâmica do desejo possa se voltar *espontaneamente* para um micro-ondas ou um par de tênis, objetos convencionais pouco suscetíveis de desencadear um louco impulso.

No consumismo, satisfazemos a tudo, menos a nossos desejos e necessidades, como prova o sentimento de frustração, tédio e cansaço de tantos de nossos contemporâneos. Aliás, os que conseguem se afastar voluntariamente do consumo são em geral os mais bem resolvidos, os que não aspiram *sem parar* a *algo mais*. Como se, para satisfazer a nossas necessidades e desejos íntimos, tivéssemos de sair dessa lógica consumista – seu primeiro efeito seria ocultá-los de nós. Portanto, essas noções não servem para explicar o consumismo – exceto, é claro, se as vincularmos não aos indivíduos, mas ao sistema industrial, que precisa das nossas "necessidades" e dos nossos "desejos" para crescer.

O consumismo acontece num plano bem diferente, o da *vontade*. Ter vontade de alguma coisa significa, de um lado, que essa coisa não é indispensável (não é uma necessidade) e, de outro lado, que não é uma aspiração do nosso ser mais profundo (não é um desejo). A vontade é *social e fugaz*, relativa a indivíduos cujo *status* invejamos. A publicidade atiça a vontade. Para isso, recorre a modelos que provocam um impulso, torna os consumidores invejosos, leva a um mimetismo tão mais volúvel quanto mais rápida é a renovação do arsenal necessário para se identificar com os estereótipos que ela propõe.

O consumismo é o mundo social dos invejosos e o reino momentâneo dos caprichos. Sendo assim, não nos surpreende que não traga satisfação. O prazer é proporcional à intensidade do desejo, que cresce com o tempo de privação. Mas a vontade é o grau zero do desejo. Entregar-se a ela não traz mais do que um prazer breve e limitado, como vemos no caso de crianças mimadas ou de "depressão pós-compra". A excitação cresce até passarmos pelo caixa e desaparece tão rápido quanto aparece. Esse tipo de vontade, semelhante à inveja, é fundamentalmente uma *paixão triste* (Espinosa). Cheia de ressentimento, não provoca nada além de frustração, já que sempre existirá alguém ou algo para invejar. É exatamente nisso que reside a esperteza do consumismo. Apoiando-se apenas em vontades, ele se alimenta de uma fuga que, embora não tenha o mérito de satisfazer as pessoas, ainda assim lubrifica a máquina capitalista. Como diz Séguéla: "Só podemos nos desenvolver numa sociedade de superconsumo. Esse excesso é necessário ao sistema [...]. Esse sistema frágil só sobrevive pelo culto da vontade."[11]

A publicidade promove a avidez necessária para intensificar o consumismo. Remetendo a modelos de beleza inacessíveis para vender cosméticos, ela alimenta frustrações que não serão compensadas pelo uso do produto. Os publicitários

---

11. Jacques Séguéla, *L'argent n'a pas d'idées, seules les idées font de l'argent*, Paris, Le Seuil, 1993.

explicam que, depois do "marketing da necessidade", é preciso cuidar do "marketing da frustração"[12]. Como se pode ler na *Printer's Ink*: "A publicidade nos ajuda a manter as massas insatisfeitas com o seu modo de vida, descontentes com a feiura que as cerca. Os clientes satisfeitos não são tão rentáveis quanto os frustrados."[13]

Se o consumismo não tem nada a ver com o desejo, a publicidade, ao envolver tudo numa aura libidinal, joga voluntariamente com o desejo erótico. Os olhares publicitários aguçam esse desejo para transformá-lo em vontade mercantil. O indivíduo precisa salivar: "Despertar a vontade, excitar o desejo, estimular o consumo."[14] A publicidade bate frequentemente "abaixo da cintura" e não sossega enquanto não introduz novos desejos no público-alvo. Porque esse é o seu papel.

Afora aquilo que satisfaz às necessidades vitais, não se "precisa" de uma coisa antes de possuí-la. Na verdade, possuir uma coisa nos torna em geral dependentes dela. Nós nos habituamos a ela, ela acaba nos possuindo – a droga é um exemplo claro desse processo clássico. Assim, as indústrias precisam encontrar um meio de levar as pessoas a con-

---

12. Declaração de Georges Chetochine durante palestra no CM.IT, 21 out. 2003.
13. Citado em: <http://www.emagazine.com/may.june_1996>.
14. Maurice Lévy (publicis), "Désir de relance, relance par le désir", *Le Monde*, 18 fev. 2004.

sumir seus novos produtos, para que se habituem a eles. A publicidade serve para *iniciar* a produção dessas novas necessidades. E o processo é o seguinte: 1. não sentimos necessidade de um produto; 2. a publicidade desperta a nossa vontade; 3. compramos e, por repetição, não podemos mais viver sem o produto. Antes de possuí-lo, ele parecia inútil; depois, parece indispensável.

É o consumo regular, e não os publicitários, que cria a necessidade. Mas mesmo sendo essencial – porque é inicial –, o papel dos publicitários não deve ser exagerado. Não somos "brinquedos passivos" em suas mãos. Sua força consiste exatamente em nos tornar consumistas ativos, *canalizando* as nossas motivações. De um lado, eles *desencadeiam* esses impulsos de apropriação, distinção e competição que, em geral, a cultura procura frear e sublimar. De outro, eles *desviam* o desejo, a paixão e o imaginário na direção da mercadoria. Mas eles cumprem esse papel ao lado de outros atores e, comparados a eles, são reles empregados, aliás, cada vez mais marginalizados[15]. Na verdade, a publicidade é só uma peça, especialmente visível, de uma máquina muito maior, da qual devemos apresentar alguns grandes mecanismos.

---

15. Cf. Gérard Lagneau, *La fin de la publicité: essais sur la communication institutionnelle*, Paris, PUF, 1993.

Os estratagemas do sistema industrial e publicitário

Para lançar novas mercadorias, a publicidade pode contar com uma antiga paixão humana: a curiosidade. Defesa contra o tédio, a sede por descobertas e novidades geralmente se expressa de forma intelectual e cultural. Mas também pode ganhar sentido político na aspiração a uma nova ordem, mais justa e humana. É compreensível que o capitalismo prefira orientar essa paixão para o consumo, transformá-la em *neofagia*. Diversos estratagemas são utilizados para isso. Além de testes e amostras gratuitos, a publicidade apresenta como "incrível novidade" o que não passa na maioria das vezes de uma troca de embalagem. Devemos destacar também a descolada apologia do consumo como "experiência lúdica e irônica".

A compra de novos produtos é impedida muitas vezes por barreiras culturais. A publicidade procura então derrubar esses "freios" e essas "inibições"[16]. Para promover o culto do novo, estigmatiza as tradições e culpa os "retardatários", valendo-se das fraquezas dos indivíduos, principalmente do medo de ser marginalizado e se sentir *por fora*. Os primeiros publicitários americanos procuraram fazer o indivíduo sentir vergonha de sua maneira de viver, de sua cultura, e de tudo que havia herdado de sua família e seu meio. Como

---

16. Éric Vernette, *La publicité: théories, acteurs et méthodes*, Paris, La Documentation Française, 2000, p. 29.

diz Stuart Ewen, eles visavam à "aculturação do eu"[17]. Bom exemplo disso é o modo como a Nestlé difundiu o leite em pó no terceiro mundo. Os slogans utilizados para desestimular a amamentação eram: "Alimentar com mamadeira é moderno, científico e higiênico. Ocidental, por isso tem prestígio. A mamadeira é utilizada por pessoas ricas, por isso é desejável. As mulheres evoluídas utilizam a mamadeira. Uma mãe que ama seu filho compra Lactogeno...".

Além da chantagem, a Nestlé incluiu pediatras na estratégia, corrompendo-os para que afiançassem o consumo de substitutos do leite materno, embora este seja muito mais saudável. O leite materno fornece anticorpos indispensáveis aos bebês, e sua função como filtro natural é essencial em países em que a água é frequentemente contaminada e a população é pobre demais para garantir condições de higiene sem as quais os bicos e as mamadeiras rapidamente são infectados. Milhões de bebês morreram por causa dessa política[18]. Mas isso não parece incomodar os publicitários, que declaram com orgulho: "A função da publicidade é suscitar caos cultural que introduza à força consumos vindos de outros lugares."[19]

Mas o elemento crucial contra as tradições culturais é a mídia e em especial seus seriados engraçadinhos. Colo-

---
17. Stuart Ewen, op. cit., p. 53.
18. Jean-Claude Buffle, *N... comme Nestlé, le lait, les bebés et la mort*, Paris, Alain Moreau, 1986.
19. Bernard Cathelat, op. cit., p. 91.

cando em cena a vida moderna de famílias ricas, eles fazem o público sonhar com novos modos de vida. São chamados de *soap-operas*, porque fabricantes anglo-saxões de sabão, lixívia, cosméticos etc. participavam da produção. Por exemplo, a Procter & Gamble, considerada uma verdadeira escola de publicidade, financiou a série televisiva *The Bold and the Beautiful*. Da lavagem de roupa suja à lavagem cerebral, é apenas um passo.

A lógica competitiva em matéria de consumo sempre existiu, mas a mídia a exacerba. A referência hoje, mais do que a família vizinha (os "Jones"), são as celebridades. O *star system* é um aliado de peso do sistema industrial. Para celebrar as novidades, nada melhor do que uma celebridade. Fazendo o papel de vanguarda consumista, elas cobiçam bugigangas suficientemente caras para se tornarem fonte de prestígio. Isso massageia o ego delas e desperta a vontade dos fãs. Para lançar novidades, a mídia sempre se lembra de publicar em páginas de anúncios, ou na forma de matérias simuladas de "publicidade editorial", louvores diretamente produzidos pelas agências de publicidade. O sistema é bem azeitado: 84% dos assessores de comunicação se declaram "satisfeitos" com o lugar reservado aos seus comunicados, e 91% afirmam que são publicados sem nenhuma revisão[20]!

---

20. Cf. Florence Amalou, *Le livre noir de la pub: quand la communication va trop loin*, Paris, Stock, 2001, cap. 2.

É claro que a *neofagia* não poderia se generalizar se as novidades industriais não tivessem pontos positivos: o conforto, a vida fácil e agradável, graças às "comodidades modernas". Uma vida sem esforço, essa é a promessa consumista. Obviamente ninguém se deixa levar pela maneira como a publicidade embrulha o conforto em clichês de felicidade conforme. Todo mundo sabe que a felicidade é muito mais uma questão de relações do que de bens, e que uma vida *somente* confortável corre o risco de ser tediosa. Para compensar, o sistema publicitário propõe a "escapada" – termo que mostra justamente o caráter carcerário da vida cotidiana. E, para escapar sem esforço, existe coisa melhor que a novidade comercial e o divertimento midiático? O círculo se fecha. O conforto e a escapada, as duas tetas do consumismo, completam-se perfeitamente.

O sucesso do celular revela outro estratagema do sistema industrial. Campanhas publicitárias gigantescas foram organizadas para nos convencer da utilidade desses fúteis queima-cérebros (como funcionam com ondas de frequência igual à do forno de micro-ondas, alguns cientistas estão convencidos de que são cancerígenos). Baseavam-se no medo generalizado de parecer "desconectado" ou na ansiedade dos pais que queriam vigiar os filhos. Mas foi pelo aumento de impostos sobre as ligações entre telefones fixos e celulares que os marqueteiros levaram quem não tinha celular a comprar um aparelho. O custo era alto demais para quem queria manter contato com todos aqueles que haviam desistido do telefone fixo para não aumentar as despesas, principalmente os jovens. Dessa maneira, a generalização do celular sustenta a si mesma e tende a impor o aparelho como uma necessidade – por exemplo, muitas empresas, no intuito de controlar melhor seus empregados, contratam apenas quem já tem um celular. Esse exemplo é típico da maneira como o consumismo cria obrigações, que, por sua vez, o intensificam.

Condições de vida limitantes

A atração pelo conforto com certeza teve seu papel na adesão ao consumismo, mas só ela não o explica. Ou não haveria motivo para as pessoas comprarem camas, em vez de redes para dormir. Além do mais, a "vida fácil" tem um preço paradoxal: uma vida dura de trabalho. Na verdade, são mais as novas condições de vida que explicam a atração pelas "comodidades" industriais. Não é porque é mais fácil colocar um prato congelado no micro-ondas que essa maneira de (não) cozinhar se generalizou, mas sim porque, entre o ônibus, o metrô e o trabalho, não sobra tempo para ficar no fogão. A publicidade aparece então sob um ângulo diferente. Ela mostra como um ganho de "conforto" é apenas uma limitação objetiva, contribuindo para tornar aceitável uma vida cada vez mais sem valor. É por esse motivo que ela faz tanto sucesso nos meios carentes.

A publicidade é um componente lógico desse espaço artificial em que aceitamos viver. Ela se encaixa naturalmente nele. Será que podemos contestá-la no metrô, sem nos perguntarmos sobre a verdadeira função dele? Por acaso é natural que milhões de pessoas se desloquem todos os dias de um lado para o outro das megalópoles e passem horas nos transportes até o trabalho? Eles não foram desenvolvidos para responder a uma demanda geral de ir e vir entre longas distâncias (o que acaba parecendo "natural" para todos)? Ou melhor, para tornar possíveis a admissão e a concorrência de assalariados em "bolsões de emprego" cada vez mais amplos?

Se admitirmos que, pelo menos em parte, essa lógica de aumento das distâncias entre casa e trabalho causou a expansão permanente da rede de transportes, então não surpreende que a publicidade seja onipresente nos lugares por onde exércitos de trabalhadores incansáveis passam duas vezes por dia. A RATP[21] se gaba disso no seu site: "Transporte não rima com tempo perdido", e ainda explica que "toda publicidade é bem-vinda"! De fato, é muito prático nos oferecer, durante o trajeto, a oportunidade de "refletir" sobre a maneira como queremos gastar o que ganhamos. É perfeitamente lógico que

---

21. Régie Autonome des Transports Parisiens, empresa pública encarregada dos transportes na cidade de Paris e subúrbios. (N. T.)

a publicidade venha se *aninhar* nesses *não lugares* que materializam a separação entre o trabalho e o resto da vida, entre a produção e o consumo.

Da mesma forma que é lógico que ela cresça em todos esses espaços de *transição* que são os arredores das cidades, as rodovias, os *shopping centers* e as cidades-dormitórios. Mais uma vez, será que podemos contestá-la sem questionar o urbanismo moderno e o fato de que trechos inteiros das nossas cidades sejam reservados aos carros e ao hiperconsumo? "Zonas", pelas quais entramos por estradas ou rodovias, parecem verdadeiros territórios *ocupados* pela indústria barata: redes de "nefasta-food", supermercados de material de construção, brinquedos de plástico e móveis descartáveis. Sem as cores berrantes e as luzes brancas, esses templos da mercadoria correm o risco de mostrar cruamente o que realmente são: armazéns enfileirados, pré-fabricados e lúgubres, num mar de concreto. Quando muito, a publicidade anima e torna esse deserto minimamente suportável, alegrando-o de maneira artificial.

Portanto, a função da publicidade nas sociedades hiperindustrializadas é bem diferente daquela que ela tinha em outras épocas, quando servia de máquina de guerra contra a cultura popular. Nessa época, o que se queria era eliminar os valores e os usos que atravancavam a distribuição das mercadorias no cotidiano. Essa batalha cultural parece ganha.

Mas a publicidade ainda é necessária para sustentar a mercadorização de partes da vida que foram poupadas (seguros, aplicações na bolsa, relacionamentos amorosos etc.). E estará sempre presente, com estratégias cada vez mais fortes, para derrubar as últimas barreiras morais e apresentar como "naturais e evidentes" as novidades mais detestáveis: a mercadorização das relações entre vizinhos, da procriação, da vida... que se tornou inevitável, de qualquer modo, por causa da degradação efetiva desses últimos espaços que ainda não tinham sido assolados pelo desenvolvimento industrial.

Hoje, é essa última dinâmica que explica a intensificação do consumismo. Na maioria das vezes, as limitações materiais nos deixam sem escolha. A substituição do antigo mundo familiar pelo universo mercantil já parece concluída em vários aspectos. Dificilmente poderíamos viver sem um carro, encher a despensa sem ir a um supermercado ou organizar o cotidiano sem os produtos da grande indústria. As indústrias mataram tudo ao seu redor, e nós ficamos dependentes delas. Aliás, a publicidade não é mais o elemento determinante da industrialização do mundo. Nem é mais necessário nos convencer da legitimidade do consumismo para impô-lo. É mais para disfarçar o triunfo do capitalismo que a publicidade é mais necessária do que nunca. Dando ao niilismo mercantil uma aparente estética, ela nos convida a celebrar *a posteriori* seu avanço destruidor.

A publicidade preenche o vazio causado pela economia e consagra sua vitória. Com seu enorme fluxo, valida e delimita, no plano sensorial e imaginário, a remodelação do mundo. Participa plenamente desse ambiente sintético que nos persegue por toda parte, seja qual for a nossa atividade, e gera um ruído permanente, que martela sempre a mesma palavra de ordem: "Não existe lado de fora". Em *Brazil*, filme de Terry Gilliam, os outdoors na beira das estradas impedem que os motoristas vejam *além deles* a paisagem não urbanizada e a natureza. Eles tapam o horizonte da consciência, abarrotando-o com mercadorias. Mas *Brazil* revela uma segunda função da publicidade contemporânea: o lado de fora é um *deserto*, o mesmo que produz esse modo de vida ao qual os publicitários fazem apologia.

Inculcando continuamente em nós a certeza de que não existe outro mundo possível, ou mesmo desejável, e disfarçando o tamanho do desastre, a publicidade desarma qualquer coisa que possa levar a uma contestação do mundo industrial, e mais: canaliza o descontentamento que esse mundo provoca, oferecendo derivativos que favoreçam seu desenvolvimento (viagens para os trópicos, remédios, calmantes, academias, loterias etc.), e nos desvia de qualquer tipo de reflexão sobre a vida que somos obrigados a levar. Terry Gilliam entendeu: afora as pretensões comerciais, a publicidade é uma verdadeira propaganda.

5 – A propaganda industrial

Toda marca visa conquistar novas parcelas de mercado com suas campanhas publicitárias. Mas todas as marcas e todas as campanhas travam a mesma guerra: o crescimento do mundo consumista. Ainda que os efeitos comerciais das campanhas concorrentes se anulem parcialmente (como o nosso orçamento é limitado, quando nos deixamos convencer a comprar um carro da Ford, a Renault perde um cliente), os efeitos psicológicos e ideológicos se somam. Toda campanha de fabricante de automóvel afirma que é imprescindível ter um carango e trocá-lo de tempo em tempo.

Vista globalmente, a publicidade tem efeitos que ultrapassam os objetivos comerciais desejados pelas empresas que recorrem a ela. Como mostram os estudos (tanto dos publicitários quanto dos seus críticos), uma campanha para determinado produto aumenta as vendas não só da marca que a encomendou, mas também de todos os produtos do mesmo gênero – não nos surpreende então que os doces façam mais sucesso com as crianças do que as frutas[1]. A publicidade se tornou um dispositivo de bloqueio que permite eliminar não somente os concorrentes mais fracos, mas sobretudo o consumo não industrial.

John B. Watson, criador do behaviorismo e vice-presidente de uma das primeiras multinacionais de publicidade, dizia que queria eliminar as "atitudes sociais que resistem ao consumo"[2]. O que ele queria era governar as maneiras de viver e fazer, pensar e sentir: "A publicidade não é somente palavra comercial, mas também palavra política, palavra social, palavra moral, discurso ideológico sempre"[3]. Mais do que uma ferramenta de venda, a publicidade é uma propaganda, em escala industrial, do setor industrial.

Fazer propaganda significa elogiar alguma coisa para obter a *adesão* daqueles a quem se dirige a palavra, assim como *propagar* a coisa em questão, seja uma crença religiosa (o termo surgiu daí), uma doutrina política ou um produto. Mas nem todo método de divulgação é propaganda.

---

1. Éric Vernette, *La publicité: théories, acteurs et méthodes*, Paris, La Documentation Française, 2000, p. 10; cf. também os estudos citados num artigo do *New Scientist,* traduzido no *Courrier International*, n. 686-687, 24 dez. 2003, p. 31.
2. Apud Armand Mattelart, *L'Internationale Publicitaire*, Paris, La Découverte, 1989, p. 181.
3. Bernard Cathelat, *Publicité et société*, 5. ed., Paris, Payot, 2001, p. 72.

O que a caracteriza é tentar *influenciar por todos os meios*. A publicidade subliminar não foi abandonada por razões morais, mas por causa da hostilidade de um público visado por sua "imbecilidade".

Alguns acharão inadequado dizer que a publicidade é uma forma de propaganda. Independentemente das suas conotações, esse termo é o mais apropriado para qualificar a publicidade, ou mais exato que comunicação e informação. Os espanhóis usam indiferentemente tanto *publicidad* quanto *propaganda*. E o Código de Saúde Pública da França versa sistematicamente "publicidade ou propaganda" (capítulo 2, artigo L 5122-15). Na verdade, tudo o que caracteriza a propaganda é encontrado no fenômeno publicitário: manipulação, desinformação, cegueira, ideologia próxima da idolatria religiosa, influência e até tendências totalitárias.

Publicidade e propaganda

As escolas de publicidade ensinam que, depois de chamar a atenção do *prospect*, é necessário: 1. não explicar demais ("quanto mais complexa a mensagem, menos chance de que seja notada, entendida e lembrada"); 2. "martelar a mesma mensagem"; 3. insistir "na continuidade e na duração" (apesar de mudar formalmente, as campanhas "na realidade são sempre as mesmas": *Reputation is repetition*); 4. visar à "coerência global" ("assegurar a unidade", evitar a diversidade)[4]. Ou como resume o slogan da editora Hachette: "Nunca é demais repetir." Devemos acrescentar que a publicidade se distingue do reclame pela tendência a apelar fortemente para as emoções.

É surpreendente constatar que esses virtuoses da propaganda que foram os nazistas (e os comunistas) insistiam *exatamente* nas mesmas recomendações. Segundo Hitler, para "chamar a atenção das massas", a propaganda deve "se limitar a uma pequena quantidade de objetos e repeti-los continuamente" e "nenhuma diversidade deve modificar seu teor". "Todo reclame, seja nos negócios, seja na política, traz sucesso com o tempo." E, por fim, "sua ação deve sempre apelar para a emoção e pouco para a razão". "Seu nível mental deve ser mais baixo quanto maior for a massa de homens que se quer atingir." Goebbels, por sua vez, definia a propaganda como a "arte do argumento mais simplista numa linguagem popular", a "arte da repetição constante", a "arte de se comunicar principalmente com os instintos, as emoções, os sentimentos e as paixões populares", a "arte de apresentar os fatos com aparência de objetividade", a "arte de ocultar os fatos desagradáveis", a "arte de mentir, mantendo-se crível"[5].

---

4. Jacques Lendrevie e Denis Lindon, *Mercator: théorie et pratique du marketing*, 5. ed., Paris, Dalloz, 1997, p. 449-450.
5. Cf. Adolf Hitler, *Mon combat*, Paris, Nouvelles Éditions Latines, 1982 (primeira edição alemã, 1925), cap. 6; Willi A. Boelcke (ed.): "Wollt Ihr den totalen Krieg?", *Die geheimen Goebbels-Konferenzen 1939-1943*, DTV-Dokumente, Munique, 1969, p. 18-19.

A finalidade dessas citações não é associar os publicitários aos nazistas, mas destacar que os propagandistas, tanto no setor político quanto no econômico, preconizam os mesmos métodos – que se resumem todos a uma lavagem cerebral. Com certeza, o conteúdo da mensagem é bem diferente. A publicidade, mesmo que veicule estereótipos racistas ("Y'a bon Banania")[6], não apela para o medo ou o ódio do outro. Pelo humor, ela convida à alegria e à abertura do mundo... para o consumismo multinacional. Para isso, tenta-se fazer que, de tanto ser ouvida, a proposição acabe parecendo "natural e incontestável". Cathelat, que não cai na armadilha do "politicamente correto" dos seus colegas, está certo ao definir a publicidade como uma "propaganda aplicada à venda":

> As técnicas publicitárias não são impotentes quando se trata de difundir ideias. Podemos acusá-las de cair na pura propaganda, sem ter a convicção; mas devemos reconhecer que, após ter calcado seus esquemas de intervenção na pro-

---

6. Slogan de uma marca francesa de chocolate em pó criado no começo do século XX; os cartazes publicitários representavam de forma caricatural um atirador senegalês da época da colonização francesa. O slogan "Y'a bon Banania" ("Que bom Banania", num francês gramaticalmente incorreto) foi criticado a partir dos anos 1970 por se valer de estereótipos racistas. Em 2011, a justiça francesa proibiu o fabricante de utilizá-lo a pedido de um movimento antirracista denominado Mouvement contre le Racisme et pour l'Amitié entre les Peuples. (N. T.)

paganda política ou religiosa, hoje a publicidade comercial as superou tecnicamente.[7]

Se esse barão da publicidade fosse tão grande conhecedor da história dos totalitarismos quanto das técnicas de propaganda, poderia ter esclarecido que a história alemã é exemplar nessa conexão patente. Depois da Segunda Guerra Mundial, os colaboradores de Goebbels se transferiram naturalmente para a publicidade. E o próprio Goebbels se inspirou na publicidade da época. Em 1932, anunciou a utilização de "métodos americanos em escala americana" para fazer a propaganda eleitoral de Hitler. Como lembra o historiador Peter Reichel, ele "se tornou um especialista em marketing. Utilizou em especial o conceito de 'Führer' e o ideal de 'comunidade nacional' como nomes de marcas. A imagem dos 'produtos' devia coincidir com a 'imagem dos desejos' desse público de compradores-eleitores"[8].

É por esse motivo que Adorno e Horkheimer, filósofos alemães que presenciaram o trabalho dos propagandistas em seu país antes de ter de abandoná-lo e se exilar nos Estados Unidos, depois denunciaram algo análogo ao que haviam deixado para trás. Eles entenderam que a publicidade "serve apenas indiretamente para a venda. O abandono de uma prática

---

7. Bernard Cathelat, op. cit., p. 68.
8. Peter Reichel, *La fascination du nazisme*, Paris, Odile Jacob, 1993, p. 148.

publicitária comum numa determinada firma significa uma perda de prestígio". Durante a Segunda Guerra, viram empresas manter campanhas publicitárias de produtos que não podiam mais fornecer "unicamente para fazer valer [sua] potência industrial". Assim como a propaganda política, a publicidade é "pura representação do poder social"[9].

Mas Cathelat, por sua vez, prefere citar os dois orgulhos dos publicitários, garantias do seu "profissionalismo". Em primeiro lugar, a publicidade é "propaganda pura", já que os publicitários são mercenários dispostos a acender vela para Deus e para o Diabo. Depois de fazer a campanha eleitoral da ultraliberal Thatcher, a agência Saatchi & Saatchi (gigante mundial cotada na Bolsa desde 1977) criou para a ONU uma campanha para convencer os *boat people* a voltar para casa, louvando as vantagens do inferno comunista de onde haviam fugido. Em segundo lugar, a publicidade "superou tecnicamente" a propaganda do passado. Assentada nas ciências humanas, ela ultrapassou o estágio do amadorismo empírico, o que a tornou mais eficiente. Vamos relembrar as grandes etapas teóricas da publicidade, apresentadas aos estudantes de publicidade como avanços[10].

---

9. Max Horkheimer e Theodor W. Adorno, *La dialectique de la raison*, Paris, Gallimard, 1974 (primeira edição: Nova York, 1944), p. 170-172.
10. Essa apresentação se encontra na maioria dos manuais e livros técnicos. Cf., por exemplo: Bernard Brochand e Jacques Lendrevie, *Publicitor*, Paris, Dalloz, 1993, p. 116 ss.; Bernard Cathelat, op. cit., cap. 3.

1. A publicidade *informativa*, isto é, o reclame, dirige-se ao "consumidor racional". Fora de moda naquilo que o jargão publicitário chama de *B to C* (*business to consumer*), esse conceito baseado em teorias econômicas utilitaristas ainda vale no *B to B*. Entre *businessmen* sérios, não há bazófia!

2. A publicidade *mecanicista* tenta condicionar o "consumidor passivo". Inspirando-se no behaviorismo e na teoria de Pavlov (que procurava estabelecer uma ligação entre excitações sensoriais e a salivação), baseia-se no esquema estímulo-resposta e na repetição obsessiva. Um de seus promotores queria "fazer brotar reflexos condicionados no cérebro dos compradores"[11].

3. A publicidade *integrativa* fornece ao "consumidor adequado" modelos para serem imitados. Fundamentada em teorias sociológicas, preconiza o *two-step flow*, estratagema em dois tempos que consiste em visar primeiro aos "formadores de opinião", para que em seguida transmitam a mensagem aos seus "seguidores". Em parte é isso que explica o machismo que ainda persiste na publicidade. Como na maioria das vezes as mulheres pedem a opinião dos homens para determinadas compras, são eles que devem ser convencidos primeiro.

4. A publicidade *sugestiva* se dirige ao lado irracional do ego por intermédio de métodos psicológicos requin-

---

11. Declaração de M. Bideau em 1951, apud Bernard Cathelat, op. cit., p. 113.

tados. "Ao comprar, o consumidor age em geral de maneira emotiva e por coação, reagindo inconscientemente às imagens e aos desenhos associados ao produto no seu subconsciente."[12] Ela se baseia principalmente nos "estudos de motivação" realizados pelo psicanalista Ernst Dichter. Para lançar a Barbie no mercado, ele usou a principal motivação das mulheres na sociedade americana dos anos 1950: arranjar um marido. A boneca *pin-up*, bonita e esperta, foi sutilmente apresentada como um meio de ensinar as garotinhas a serem *sexy* e atraírem os homens. Dichter, que queria "fabricar mentes"[13], certamente alcançou seu objetivo com esse ícone de plástico de linhas eróticas e sucesso fantástico. Na França, 4,5 milhões de exemplares foram vendidos em 1993[14].

É claro que a prática publicitária conjuga todas essas teorias. A repetição (2) ainda é o princípio básico, associada à manipulação das pulsões (4) ou das tendências conformistas (3). Também são preconizadas a sedução do inconsciente (4) e a racionalização necessária (1) para justificar uma compra irracional: "*Deve-se dar prioridade ao inconsciente*, mesmo que depois seja preciso bajular as instâncias conscientes

---

12. Apud Vance Packard, *Persuasion clandestine*, Paris, Calmann-Lévy, 1958, p. 11.
13. Ernst Dichter, *La stratégie du désir*, Paris, Fayard, 1961.
14. Marie-Françoise Hanquez-Maincent, *Barbie, poupée totem*, Paris, Autrement, 1998, p. 85.

para dar ilusão de liberdade de escolha"[15]. Estratégias engenhosas e eficientes porque, na verdade, somos influenciados e, ao mesmo tempo, intimamente convencidos a não ser. Quando se pergunta por que os empresários investem tanto em publicidade, eles admitem que "a publicidade pisa nos outros, nos fracos, nos influenciáveis". E quando fazemos a mesma pergunta aos "outros", a resposta é a mesma...

É necessário desfazer essa ilusão de invulnerabilidade – tão propícia à influência da publicidade – que está ligada ao fato de que é difícil julgar por si mesmo um efeito inconsciente. A eficácia das campanhas é rigorosamente testada. Para evitar fracassos, que sempre acontecem, as campanhas são testadas antes dos lançamentos, e, em seguida, há pós-testes para verificar se a marca se tornou mais conhecida, se a sua imagem melhorou, se as vendas cresceram. O poder de ação da publicidade não é medido em relação aos indivíduos (sempre pode ser contestado), mas em relação a populações. Sua eficácia geral é irrefutavelmente demonstrada pelas estatísticas. Devemos reconhecer então que somos todos manipuláveis. A maneira dúbia como a publicidade engana – pelo que diz sobre as mercadorias que elogia de forma desmedida e sobretudo pelo que não diz a respeito delas – sempre surte efeito.

---

15. Bernard Cathelat, op. cit., p. 118.

Um contexto de cegueira

De maneira *direta*, a publicidade mente frequentemente sobre a origem e a qualidade das mercadorias que promove. Basta pensar em todos esses anúncios que apresentam produtos industriais como se tivessem vindo do campo. Ou os que mostram um simpático artesão, e não a fábrica de onde os produtos saem. Aliás, podemos ver nisso uma espécie de homenagem permanente da indústria moderna ao que ela extinguiu – ainda que a função dessa homenagem seja ocultar a realidade industrial e favorecer seu desenvolvimento, em prejuízo da produção em escala humana.

Essa desinformação não tem nada de surpreendente. Para vender, é lógico exagerar a qualidade dos produtos e falsificar sua origem, se for sórdida. A propósito, do ponto de vista jurídico, a hipérbole e o disfarce do produto industrial em produto artesanal são autorizados. A ampliação desprezível da noção de publicidade mentirosa prova que o logro faz parte das regras do jogo.

De maneira *indireta*, a publicidade mente quando oculta os defeitos das mercadorias e as consequências do seu consumo excessivo, mas sobretudo quando silencia a sua história real. Os produtos não aparecem como *produtos*, resultado de um processo de fabricação complexo e destruidor. A publicidade os apresenta como aparições milagrosas. Tão esplendorosos que parecem ter caído do céu.

A mentira por omissão é sistemática e fundamental. Os anúncios da Nike com certeza não tentam nos fazer acreditar que seus tênis são fabricados artesanalmente. Mas ainda assim escondem a realidade, invertendo condições de produção que estão mais para a exploração econômica do que para as "proezas esportivas". E quando conhecemos essas condições, não conseguimos mais olhar para os seus calçados sem pensar nas crianças que trabalham doze horas por dia em alguma oficina escura da Ásia para ganhar uma ninharia. Esta declaração de Baudoin de Bodinat traz a verdade de volta:

> Veja também se amontoar no hemisfério sul, em imensas favelas, uma humanidade carente, breve, obscura, violenta e que não deixará rastro. Se quiser saber o que os anúncios de televisão são *na realidade*, basta imaginá-los num desses cortiços com ratos e dermatoses.[16]

Assim como os juristas consideram que o exagero é tolerável na medida em que os consumidores não são ingênuos a ponto de acreditar ao pé da letra nas hipérboles publicitárias, os militantes sabem que os jovens caem das nuvens

---

16. Baudoin de Bodinat, *La vie sur terre: refléxions sur le peu d'avenir que contient le temps où nous sommes*, Paris, Éditions de l'Encyclopédie des Nuisances, 1996, t. 1, p. 85.

quando são informados da realidade macabra das suas marcas favoritas e às vezes até se recusam a acreditar! Simplesmente porque as únicas "informações" que eles têm sobre a Nike são os seus anúncios. Fascinados pela imagem de "superação de si mesmo" que ela veicula, não têm consciência de que participam da opressão de outras crianças.

A publicidade é a vitrine na qual as mercadorias fazem seu espetáculo, mas omite sistematicamente os bastidores da indústria. Se os publicitários nos informassem *de verdade* sobre a história dos produtos que eles elogiam com tanto alarde, veríamos os cartazes se cobrirem de suor e até mesmo de sangue, ouviríamos o estrondo das fábricas, os suspiros dos que são explorados, sentiríamos o cheiro ácido das nuvens de fumaça que escapam delas e dos veículos que fazem a distribuição mundial dos produtos. Os publicitários sabem perfeitamente que isso poderia reduzir a fome consumista. Portanto, seu papel é ocultar o horror produtivista que está por trás do conforto consumista. É o que está sendo ensinado ao aprendiz de publicitário:

> Seja qual for o produto que você tenha de promover, nunca visite o lugar em que ele foi fabricado... nunca veja as pessoas trabalhando, porque, quando você conhece a verdade sobre alguma coisa, a verdade real e profunda, fica

difícil elaborar a prosa leve e superficial que vai fazer você vender essa coisa.[17]

Para cegar os consumidores, o ideal é fechar os olhos. A publicidade, segundo seus defensores, "distrai". É verdade, mas no sentido original do termo, que não tem nada de divertido: *desviar nossa atenção* do processo desastroso de produção. Trata-se de não deixar ver aquilo que pode frear a compra, ou suscitar crítica e boicote, jogando todas as luzes sobre o produto resplandecente. É justamente por ser divertida que a publicidade precisa ser denunciada, porque essa distração não passa de cegueira. E isso faz parte da sua essência: "Por definição, a publicidade é otimista [...]. Mostra pessoas felizes, saudáveis, simpáticas e inteligentes, que vivem no paraíso do consumo [...] em que todos os sonhos são permitidos e possíveis, até mesmo o da eterna juventude"[18]. Essa citação é significativa por tudo o que diz sobre a deformação da realidade pela publicidade e, ao mesmo tempo, por tudo o que não diz sobre seus efeitos reais: mostrando "personagens felizes", ela impõe ideais inacessíveis, que torturam as pessoas; o consumo talvez seja um "paraíso" para uma minoria inconsciente, mas essa minoria transforma o mundo num inferno; fazendo

---

17. Declaração de Helen Woodwart, publicitária influente nos anos 1920, apud Stuart Ewen, *Consciences sous influence*, Paris, Aubier Montaigne, 1983, p. 88.
18. Declaração de Bernard Brochand, em Bernard Cathelat, op. cit., p. 15.

sonhar hoje, ela prepara o pesadelo de amanhã; ela favorece um desenvolvimento industrial que prejudica a "boa saúde"; e veiculando o mito da "eterna juventude", ela transforma as vovós em múmias esticadas e siliconadas.

Mitologia publicitária e idolatria das marcas

Podemos ver até que ponto o sistema publicitário é gerador de ilusões nefastas. Um discurso economista difuso, infelizmente repetido sem o devido distanciamento crítico por grupos "contestatários" que se inspiram nas ideias de Toni Negri, afirma que entramos numa nova "economia imaterial" – como se não produzíssemos mais coisas, mas apenas "conhecimentos", "informação", "conceitos" e "serviços". Na realidade, mesmo que novas tendências estejam surgindo, a produção material não para de crescer. O arsenal só faz se multiplicar, e o ritmo da reposição dos objetos se acelerou. As tecnologias da informação exigem infraestruturas das quais não temos nem noção. Os serviços passam por uma informática devoradora de matérias-primas: para fabricar um único computador, é necessária 1,8 tonelada. E quanto mais leves e miniaturizados são esses aparelhos, mais recursos são necessários para produzi-los, sobretudo energéticos[19].

---

19. Ruediger Kuehr e Eric Williams (eds.), *Computers and the Environment: Understanding and Managing their Impacts*, Dordrecht, Kluwer Academic Publications, United Nations University, 2003.

Esse mito do fim da economia material não seria nem mesmo plausível se a propaganda industrial não desmaterializasse sistematicamente os produtos – algo mais fácil hoje, porque o processo material de produção foi parcialmente deslocado para o terceiro mundo, onde a mão de obra sofre todas as formas possíveis de exploração. Como observa Barthes, "o mito é constituído pela perda da qualidade histórica das coisas: as coisas perdem nele a lembrança da sua fabricação"[20]. A publicidade mistifica as consciências, mistificando as mercadorias para dar a elas uma aura sem a qual apareceriam como são: sem graça e industriais. É preciso trabalhar a imagem: "O produto é secundário. O que importa [...] é o significado simbólico do produto, os valores que lhe são artificialmente vinculados."[21] O artifício publicitário consiste em transformar a mercadoria em ícone místico, e sua compra, em ato mágico de identificação com os valores incorporados a ela.

O fetichismo da mercadoria alcança seu ponto culminante com a idolatria das marcas. Originalmente simples *estampilhas* que permitiam atestar um produtor, as marcas se tornaram ídolos que os mortais cultuam pelo que elas supostamente representam: ideais. Seus produtos são *fetiches*, coisas fabricadas, sem dúvida, mas que encarnam algo mais, algo sa-

---

20. Roland Barthes, *Mythologies*, Paris, Le Seuil, 1957, p. 216.
21. Bernard Cathelat, op. cit., p. 157.

grado. É por esse motivo que são objeto de uma fascinação sem limites, que nada pode abalar, nem mesmo a revelação de que os produtos sem marca são muitas vezes produzidos de forma idêntica pelas próprias marcas. O cliente fiel continuará pagando mais caro pelo seu fetiche, acreditando que está consumindo um produto de alta qualidade, quando na verdade está apenas comprando purpurina publicitária, que representa em média 15% do preço do produto e mais de 50% do preço de mercadorias de destaque. O que o consumidor idólatra consome são os mitos que seus ídolos espalham.

Como um sucedâneo do sentido, a marca funciona como um totem em volta do qual a tribo se reúne – e no qual encontra um sucedâneo dos vínculos. Por exemplo, os surfistas comungam no consumo de marcas que permitem que eles se identifiquem entre si. É claro que tudo isso foi orquestrado de cima pelos promotores do "marketing clânico". O que eles fazem é recuperar "os códigos e os ritos, a linguagem e a aparência, os valores e as aspirações de um clã, de uma tribo já existente: um marketing de captação de identidade". Então a marca propõe "ao superconsumidor tornar-se um fiel, um apóstolo prosélito", e a publicidade deve "provocar uma adesão verdadeira a um mito compartilhado, refundador de um sentimento de identidade coletiva"[22].

---

22. Bernard Cathelat et al., *Le retour des clans*, Paris, Denoël, 1997, p. 76-78.

A Nike é o melhor exemplo dessa estratégia de *branding*. Abandonando a guerra dos preços, ela entrou na guerra da "imagem de marca", engodo que se tornou fonte de lucros imensos. Ampliou sua clientela, ao mesmo tempo que aumentou os preços, vendendo por 100 ou 180 dólares um par de tênis que produz por 5 dólares. A adoração que se tem por essa marca é espantosa. Nos Estados Unidos, o logotipo da Nike é um dos desenhos mais escolhidos pelos jovens para tatuar no corpo. A marca (em inglês, *brand*) recuperou seu sentido original: o ferrete em brasa usado para marcar o gado e identificar seu proprietário.

E se os adeptos se sentem *pessoalmente* ofendidos por quem pensa que seria bom "ferrar a Nike"[23], é porque seria como profanar seu Deus e questionar sua identidade: "Comprar um produto é comprar uma identidade, tanto quanto ou talvez mais do que uma utilidade."[24] O consumo tende a se tornar o lugar em que os indivíduos são sujeitos, segundo o princípio: "Consumo, logo sou", e sua particularização: "Dize-me o que compras e te direi quem és." É claro que, em vez de ser a expressão de uma personalidade autônoma, essa identidade é completamente alienada. E como depende da posse de mercadorias de marca, entendemos por que

---

23. "Niquer Nike", no texto original. Trocadilho intraduzível entre a marca Nike e o verbo "niquer", gíria francesa que quer dizer "ferrar". (N. T.)
24. Bernard Cathelat, op. cit., p. 37.

alguns chegam a roubar para conseguir um par de tênis – o prestígio que eles dão compensa o desprezo social que esses indivíduos sofrem.

Essa força ajudou a empurrar as massas para o fascismo: a farda dava uma sensação de poder e importância a homens atingidos em cheio pela crise econômica e identitária no período entre as duas guerras mundiais. Esse mecanismo psicológico funciona ainda hoje – e explica por que os amantes das fardas de marca se transformam gratuitamente (na verdade, até pagam!) em homens-sanduíche, aqueles coitados que, no começo do século XX, eram pagos para carregar cartazes nas costas e no peito. Como diz um marqueteiro: "Queremos criar cartazes-anúncios ambulantes."[25] O sucesso é total. Os "descolados" vão se deixar escravizar com alegria.

Poder da publicidade e tendência totalitária

Se essa escravização é voluntária, é porque o poder publicitário é particularmente insidioso. Manso e impessoal, é mais eficiente porque é imperceptível, ou quase. Embora reivindicado por quem exerce, em geral é desdenhado por quem se submete, talvez por vergonha de reconhecer que é influenciável ou por um conceito simplista de poder que o entende somente na forma de violência policial. Entretanto, exercer

---

25. Apud Naomi Klein, *No Logo: la tyrannie des marques*, Arles, Actes Sud/Babel, 2001, p. 87.

o poder significa agir sobre o outro. E para levar alguém a fazer alguma coisa, o leque é amplo e não se reduz à força.

O poder da publicidade não passa nem pela lei nem pela proibição, mas pelo modelo e pela incitação. Não é parente do poder dos generais e das suas ordens brutais, mas do canto suave das sereias a que Ulisses só conseguiu resistir porque se acorrentou ao mastro do seu navio. Não pratica repressão, mas sedução, "poder mais sutil, mais indefinível", como explicam os especialistas em técnica psicossocial[26]. É parecido com a tirania da maioria, que "deixa o corpo livre e vai diretamente à alma"[27]. Não ameaça com violência física, mas com marginalização, e assim intimida os eventuais dissidentes. É um Big Brother, no sentido não apenas do inquisidor que vigia, mas também do irmão mais velho que dá o exemplo.

Influenciar alguém é fazê-lo fazer alguma coisa, tendo a impressão de que está agindo espontaneamente. É a esse tipo de poder que uma organização recorre quando "precisa obter determinados comportamentos por parte de determinados públicos sobre os quais não tem poder 'autoritário'". A estratégia é a seguinte: "Transmitir mensagens ao público com o intuito de modificar seus *comportamentos mentais*

---

26. Claude Bonnange e Chantal Thomas, *Don Juan ou Pavlov: essai sur la communication publicitaire*, Paris, Le Seuil, 1987, p. 55.
27. Alexis de Tocqueville, *De la démocratie en Amérique*, Paris, Flammarion, 1981, v. 1, p. 354.

(motivações, conhecimentos, imagens, atitudes etc.) e, consequentemente, seus *comportamentos efetivos*."[28] A publicidade age sobre a nossa conduta, manipulando *na origem* os fatores psicológicos que a determinam.

Esse enquadramento é pouco perceptível, porque dispensa qualquer constrangimento físico por parte dos indivíduos identificáveis. A normalização publicitária utiliza dispositivos impessoais para "agir sobre o maior número possível de indivíduos e à distância, sem intervenção direta do vendedor"[29]. A publicidade quer teleguiar, e os publicitários são apenas *representantes comerciais das televisões de massa*. Utilizam as mesmas técnicas que esses representantes, como o velho "pé na porta": arrancar à força do *prospect* a possibilidade de escapar da ladainha comercial, inundando-o com imagens e slogans que acabam por subjugá-lo.

No caso das crianças, a influência está próxima da formatação. Se empresas como McDonald's escolhem as crianças como alvos preferenciais, embora sejam uma parte pequena da clientela, é porque elas são particularmente maleáveis e não fazem diferença entre os anúncios publicitários e o resto dos programas antes de atingir oito ou onze anos. Atacando-as desde cedo, as empresas tentam transformá-las em *customers for life*. Além disso, como influenciam direta ou

---

28. Denis Lindon, *Le marketing*, Paris, Nathan, 1992, p. 6 e 141.
29. Bernard Cathelat, op. cit., p. 50.

indiretamente 43% das compras dos pais, as crianças são utilizadas como "prescritoras"[30].

Mas, mesmo no caso da formatação infantil, é errado acreditar que o poder da publicidade anula a nossa liberdade. O problema é que ele estabelece um campo único para ela, o consumo. Nisso, se revela totalitário num sentido que não tem a ver com os totalitarismos *violentos*. Ele é totalitário na medida em que inverte o sentido de *todos* os valores e de *todos* os imaginários e os desvia para o consumismo: o artesanato vende mercadorias industriais; a ecologia vende a poluição; o natural vende o artificial; o esporte vende a obesidade; a liberdade vende a dependência (quando apresenta o cigarro como a "tocha da liberdade") etc. Como dizem os nossos *spin doctors*, a publicidade "não tem outra missão além de ser a roupa que veste o produto, a instituição ou a ideia na moda em sua época e em seu lugar"[31]. É a estratégia do camaleão. Os mesmos carros são vendidos, insistindo: na robustez na Alemanha, na potência na Itália, no luxo na França e até na proteção do meio ambiente na Escandinávia. A diversidade de sensibilidades é recuperada para vender a uniformidade.

Um semiólogo e professor de marketing, que não podemos acusar de criticar o sistema mercantil de maneira

---

30. Cf. Monique Dagnaud, *Enfants, consommation et publicité télévisée*, Paris, La Documentation Française, 2003.
31. Bernard Cathelat, op. cit., p. 234.

descomedida, esclarece em que sentido não se deve hesitar ao falar de "fascismo das marcas". O sistema publicitário que elas implantaram recorre a estratégias externas à mídia (produtos derivados, distribuidores automáticos, marketing relacional etc.), baseadas no imediatismo e na ubiquidade, bem como num certo "enfraquecimento do discurso" (dizer bem alto uma única coisa com logotipos e slogans), o que "inclui qualquer argumento e seu contrário". Assim, elas acabam neutralizando o "espaço psicológico, emocional e social dos indivíduos", impondo um "verdadeiro programa político" baseado na sacralização da mercadoria. Existe fascismo porque "esse sistema é fundado em processos como a heroificação do consumidor, a desestruturação da linguagem, a eliminação de qualquer ideia de dialética, a ilusão permanente de escolha e abundância e o sentimento de pertencer a uma comunidade"[32].

O sistema publicitário faz uma redução ideológica da vida a uma única dimensão, de modo que não é possível se safar. E é ainda mais totalitário porque absorve até o que critica. Como diz Paul Ariès, "a publicidade matou o espírito de rebeldia, após ter secado o imaginário"[33]. Ela tornou a rebelião rentável: propondo à juventude que consuma o seu

---

32. Benoît Heilbrunn, "Du fascisme des marques", *Le Monde*, 24 abr. 2004.
33. Paul Ariès, *Putain de ta marque! La pub contre l'esprit de révolte*, Villeurbanne, Golias, 2003, p. 10.

simulacro mercantil, ela a integrou ao sistema. A recuperação crônica do retrato de Che é caricatural. Che Guevara é usado para vender refrigerantes nos Estados Unidos, tabaco na Alemanha e até contas bancárias em Luxemburgo! Não nos surpreende que os publicitários tenham avançado na estética do grafite e nas fórmulas dos "antipublicidade".

Ajudado por uma multidão de atores – publicitários, Estados, mídias, médicos e até bancos (que escravizaram definitivamente 12 milhões de lares franceses, oferecendo crédito ao consumo) –, o sistema industrial está prestes a realizar a profecia de Tocqueville. Em 1840, ele entendeu o que ameaçava as nações democráticas: o "despotismo suave", que não era uma tirania, mas uma tutela das populações que procurava "fixá-las irremediavelmente desde a infância". Ele imaginou um poder que gosta de ver os cidadãos se alegrarem, "desde que só pensem em se alegrar", que "não esmaga a vontade", mas "amolece, dobra e dirige"[34]. Hoje, o sistema mercantil nos assiste em cada ato da nossa vida. Sua suposta benevolência só é igual à vigilância geral que ele exerce sobre a sociedade para "antecipar as necessidades". Será que ele também tirará de nós a "preocupação de pensar e a pena de viver"?

Era o que Huxley temia. E o mundo consumista não é o melhor dos mundos, o totalitarismo perfeito, que conseguiu nos fazer gostar daquilo de que não podíamos escapar?

---

34. Alexis de Tocqueville, op. cit., v. 2, p. 385-386.

6 – Relações perigosas

A história ensina que o que pode romper correntes cria muitas vezes novas servidões. Embora tenha nos aliviado das tarefas mais penosas, a indústria nos escravizou a uma labuta constante. A publicidade teve um papel essencial nessa inversão. Ao nos transmitir uma vontade eterna de consumir, ela nos transformou em escravos da máquina que supostamente nos serve. Mas, ao mesmo tempo, ela apenas revela, agravando-os, os perigos inerentes a esse modo de produção.

A propaganda industrial não podia se restringir às mercadorias clássicas e respeitar a independência destas três esferas centrais e vitais, símbolos do que a modernidade poderia ter de positivo: o jornalismo, a democracia e a medicina. Após conseguir colocá-las a serviço do capital, não nos surpreende que ela pervertesse perigosamente suas lógicas. Sob sua dominação, a mídia se tornou uma máquina de fazer gastar dinheiro, em vez de difundir o pensamento livre. No nível da comunicação, ela despolitizou a política e esvaziou a democracia de sua substância. Ao tomar o controle da farmacopeia, transformou a medicina em sistema patogênico. Mas a publicidade não poderia concluir seu costumeiro trabalho de sapa se essas instituições não tivessem falhas. Na verdade, o que ela faz é catalisar as insuficiências das áreas contra as quais investe com tanta facilidade.

A ilusória independência da mídia

Antes de meados do século XIX, os jornais eram financiados por seus leitores e redatores. Não se buscava lucro, mas a formação de um contrapoder à onipotência monárquica. Em 1836, Émile de Girardin inaugurou a prática fundadora da imprensa de massa moderna. Introduziu anúncios pagos no fim do jornal para diminuir o preço de venda e dessa forma alcançar um número maior de leitores, que por sua vez impulsionaram os anúncios no jornal, e assim por diante. Essa prática se generalizou. Hoje, a maioria dos jornais depende 50% da publicidade, e alguns vivem exclusivamente dela, como os "gratuitos", cuja única função é difundir publicidade entre um público ainda maior.

Os publicitários se felicitam, obviamente, por essa "associação com fins lucrativos", em que a publicidade é o "parceiro dominante", "impõe sua imagem" e "parasita"¹ o espaço dos jornais, relegados ao papel de veículo publicitário. Essa simbiose vai além nas revistas, essas lojas virtuais que permitem olhar vitrines sem sair de casa. E chega a ser extrema nos *Consumer Magazines* (da SNCF², da Air France etc.), tornando-se caricatural nos "magalogues", termo inventado por Naomi Klein a partir da contração das palavras *magazine* e *catalogue* para se referir aos "fanzines", nos quais as grandes marcas americanas vendem seus "estilos de vida" a seus "fãs"³. Em 2004, a Leroy Merlin publicou o seu *Ao lado da sua casa*, em coordenação com um programa curto de mesmo nome no canal de televisão TF1. Trata-se da apoteose de uma sinergia entre indústria, televisão e imprensa particularmente perigosa no que diz respeito à informação.

A convergência entre a publicidade e a informação aconteceu num duplo movimento. Por um lado, os publicitários alimentam a confusão entre gêneros, imitando o estilo e a apresentação das matérias jornalísticas. Para conter essa publicidade clandestina (estritamente equivalente à propaganda marrom, que falsifica suas fontes), a lei impôs que as publicidades fossem identificadas como tal. Entretanto,

---

1. Bernard Cathelat, *Publicité et société*, 5. ed., Paris, Payot, 2001, p. 73.
2. Société Nationale des Chemins de Fer Français, empresa estatal que explora comercialmente a rede ferroviária francesa. (N. T.)
3. Naomi Klein, *No Logo: la tyrannie des marques*, Arles, Actes Sud/Babel, 2001, p. 83.

elas continuam a se disfarçar de "matérias publicitárias", "suplementos-brinde", "mesas-redondas" etc.

Mas se a publicidade imita a informação, a informação dá o troco. Pretensos "jornalistas" aceitam suborno para fazer referência em suas matérias às marcas que querem aumentar sua fama. Outros praticam a "publirreportagem" ou "jornalismo promocional" – termos híbridos que confundem as fronteiras entre janelas promocionais e redacionais. Como o jornalismo se tornou um *business* como qualquer outro, algumas redações recorrem aos consultores de marketing para conhecer as aspirações dos "consumidores de informação". Infalivelmente, a política é considerada menos interessante que as "pesquisas de consumo" e outros "assuntos de sociedade" transversais. Entramos na era do *infotainment*: a informação deve entreter (*entertainment*, em inglês) mais do que instruir.

Essa tendência é particularmente forte na televisão. Pelas agências de publicidade, os anunciantes determinam a programação – pelo menos em parte. Quanto maior a audiência de um programa, mais anúncios e, consequentemente, mais dinheiro – os programas menos atraentes passam em horários de baixa audiência. Eles também ditam o conteúdo, não aceitando que seus anúncios apareçam em programas que suscitem emoções negativas, com medo de que se estendam aos seus produtos. Quanto à imprensa, os anunciantes impõem que seus anúncios não sejam inseridos em contextos que incluam críticas à marca e ao que lhe é associado: seu país de origem, o país onde ela é produzida etc. Assim, a publicidade fortalece o monopólio factual que ela tende a ter sobre a "informação" a respeito dos produtos.

O que questionamos aqui são as agências de publicidade (cadeias de transmissão entre empresários e redações) e, mais ainda, as centrais de compra de espaços publicitários. Consultoras de "planos de mídia" (elas determinam os veículos apropriados para atingir o alvo desejado e preparam o bombardeio), elas podem influenciar e controlar as redações, ameaçando-as de cortar os víveres. Seu poder de pressão é grande, porque o setor é extremamente concentrado: cinco centrais detêm o "controle de quatro quintos do volume total"[4]. Como a diversidade dos anunciantes, que supostamente garante a liberdade da imprensa, é algo secundário e ilusório, o argumento clássico a favor da publicidade deve ser questionado.

Orgulhosos de serem financiados por aqueles cuja missão de jornalista exige analisar e criticar com total autonomia, alguns se gabam do vínculo que mantêm com as grandes empresas. "A publicidade", declara o diretor do *Le Monde*, "garante a independência do jornal". Devemos esclarecer: em relação

---

4. Éric Vernette, *La publicité: théories, acteurs et méthodes*, Paris, La Documentation Française, 2000, p. 74.

aos poderes políticos. Mas o financiamento leva a outro tipo de dependência: em relação às potências econômicas. E se, no contexto de um jornal financiado pelo Estado, parece lógico que o jornalista não morda a mão de quem o alimenta, por que ele agiria diferente quando essa mão é a do grande capital?

Há cerca de cinquenta anos, o fundador do *Le Monde* declarava: "Acho perigoso que a vida do jornal seja garantida tão amplamente pela publicidade, porque assim ele fica à mercê de uma chantagem"[5]. O financiamento exclusivo dos leitores é *a única garantia de uma independência total*. É por esse motivo que o *Le Canard Enchaîné* recusa o maná publicitário. E não nos surpreende que seja o único jornal que informa seu público da influência nociva da publicidade na mídia.

A jornalista Florence Amalou explica como a publicidade é utilizada como forma de pressão, e até de repressão, por anunciantes que querem influenciar uma linha editorial: represálias publicitárias (campanhas canceladas, em consequência de matérias muito críticas), boicote de novos títulos que se afastem do "pensamento único" a serviço do empresariado, jornalistas demitidos ou afastados pelas agências de publicidade, "censura" e até corte das matérias, que podem ser adiadas ou simplesmente não publicadas. Outras

---
5. Essa citação e a precedente foram extraídas de Pierre Péan e Philippe Cohen, *La face cachée du Monde*, Paris, Mille et Une Nuits, 2003.

técnicas são mais brandas e insidiosas: admoestações, intimidações, conivências, relações privilegiadas com o empresariado. Assim, ao lado dos que punem, os que querem criar um "terreno midiático favorável" também sabem usar o chamariz do "suborno publicitário". Interiorizadas, essas pressões levam a uma autocensura que os jornalistas não negam[6].

Obviamente, essas práticas só são possíveis por parte dos grandes anunciantes e questionam profundamente a confiabilidade das informações sobre eles. E quanto mais a impressa estiver em dificuldades financeiras, mais a publicidade comprará seu silêncio e sua complacência. E o cúmulo é que, quanto mais um anunciante compra, melhor o tratamento dado a ele pelas redações. Assim, Jean-Marie Messier, ex-monarca da Vivendi Universal, foi servilmente cortejado pela mídia quando chegou ao topo de sua curta carreira. Matérias nas primeiras páginas, entrevistas com o "grande homem do futuro" e retratos elogiosos se multiplicaram na época em que ele foi um dos principais anunciantes da França.

A dependência da maioria dos jornais em relação aos anunciantes aumenta na medida em que, hoje, são as marcas, e não os políticos, os juridicamente intocáveis. E as grandes empresas são as potências *políticas* mais nocivas, já que são

---
6. Florence Amalou, *Le livre noir de la pub: quand la communication va trop loin*, Paris, Stock, 2001, cap. 2.

elas que *transformam o mundo*. As decisões que modificam ou podem modificar profundamente nosso cotidiano (transgênicos, nanotecnologias, flexibilidade etc.) não são tomadas nos parlamentos, mas em conselhos administrativos e laboratórios tecnocientíficos – e as instâncias políticas tradicionais apenas se encarregam de nos fazer engolir a pílula.

Naturalmente, há grande diferença entre os tipos de mídia e os diversos graus de vassalagem. Mas que ninguém pense que a publicidade os corrompe *de fora*. A imbricação é completa: a mídia precisa do maná publicitário, e a publicidade precisa do canal midiático para falar com as massas. Além do mais, há uma profunda analogia em sua maneira, em si problemática, de transmitir suas mensagens às massas de receptores *anônimos e atomizados*. Porque quanto mais nos conectamos à mídia de maneira vertical e impessoal, menos nos vinculamos entre nós de forma horizontal e pessoal. E essa atomização aumenta nossa dependência e vulnerabilidade em relação às mídias de massa, que são uma faca de dois gumes: quanto mais formidáveis meios de informação "democrática" (acessível a uma ampla audiência) elas são, mais favorecem a concentração oligárquica do discurso público e dão um imenso poder de desinformação a quem o detém. Ao oferecer "pão e circo", os impérios midiático-industriais ameaçam a democracia – a situação da Itália berlusconiana é uma demonstração clara da norma que impera por toda parte.

O estrago está feito. Se a publicidade deturpa a informação, precisamos entender, como nos convida Christopher Lasch, as insuficiências da informação em si:

> O que a democracia requer é um vigoroso debate público, e não informação. É claro, ela também precisa de informação, mas o tipo de informação de que precisa não pode ser produzido pelo debate. Não saberemos as coisas que precisamos saber, enquanto não fizermos as perguntas certas [...]. Quando entramos em discussões que cativam e concentram totalmente nossa atenção, nos transformamos em ávidos pesquisadores de informação pertinente. Do contrário, absorvemos passivamente a informação – se é que a absorvemos.[7]

A comunicação ataca a democracia

Chegamos agora à questão política, e, aqui também, a publicidade ganhou terreno. Apesar dos métodos idênticos, a distinção que havia entre publicidade e propaganda se suavizou. Duas coisas as diferenciavam: primeiro, a área de aplicação (comércio e política) e, segundo, o fato de que a publicidade

---

7. Christopher Lasch, *La révolte des élites*, Castelnau-le-Lez, Climats, p. 168-169.

era uma profissão autônoma (as empresas entregavam sua publicidade a agências externas) e a propaganda era produzida por políticos e militantes. Hoje, os publicitários fazem "marketing político" ou "eleitoral" e se encarregam da propaganda dos partidos. A confusão entre categorias chegou a tal ponto que as mensagens pagas de propaganda política às vezes são precedidas de avisos de *publicidade*, enquanto as de propaganda comercial usam o termo *comunicado*, normalmente reservado às instituições públicas[8].

Nos anos 1980, os publicitários comemoravam o fato de que "a política entrou na publicidade e vice-versa". As perspectivas de enriquecimento da vida cívica eram entusiasmadoras: "Numa sociedade baseada num consumo de massa quase obrigatório, tudo se vende, e geralmente por motivos bastante distantes de suas qualidades próprias: desde o político ao sabonete..." Para nossos camelôs da democracia corrompida, "o ato eleitoral é um ato de consumo como qualquer outro"[9].

A perspectiva de ver a política passar da convicção para a sedução não agradou aos cidadãos, e diversas leis foram finalmente votadas. Em 1990, a publicidade política foi proibida na televisão, no rádio e em cartazes. Diante disso, a

---
8. Guy Durandin, *Les mensonges en propagande et en publicité*, Paris, PUF, 1982, p. 12-13, 36 e 165.
9. Bernard Brochand, depois Bernard Cathelat, op. cit., p. 20 e 66, e Jacques Séguéla, *Le vertige des urnes*, Paris, Flammarion, 2000, p. 12.

"comunicação" substituiu a publicidade, exagerada demais. A artimanha é óbvia: "comunicar" soa menos unilateral. Na verdade, é algo mais insidioso. Como explica um assessor de comunicação, "o consultor de comunicação não se expressa obrigatoriamente na forma publicitária e não é sempre visível"[10]. A comunicação é discreta, mas ainda se trata de "influenciar as atitudes e os comportamentos dos diferentes públicos"[11]. J. P. Raffarin, ex-publicitário que virou primeiro-ministro, encarna essa convicção: "A comunicação publicitária se tornou para muitos a solução de todos os grandes problemas da sociedade."[12] Tudo se resolve com a comunicação, um meio de "gerenciar" os conflitos sociais e "administrar" a opinião pública. Governar quer dizer aparecer.

Assim, os consultores de comunicação se inspiraram em técnicas eficazes de comércio. Criaram as "reuniões *tupperware*" para treinar os políticos, em pequenos grupos, na demagogia do sorriso sob medida. Recorreram ao telemarketing para conversar com o cidadão, assim como ao *mailing*. E embora os políticos estejam proibidos de aparecer entre dois anúncios publicitários na televisão e no rádio, os consultores não perderam a esperança de se misturar com eles. O papel do

---
10. Apud Florence Amalou, op. cit., p. 226.
11. Jacques Lendrevie e Denis Lindon, *Mercator: théorie et pratique du marketing*, 5. ed., Paris, Dalloz, 1997, p. 241.
12. Afirmação de Bernard Brochand, prefácio do livro de Bernard Cathelat, op. cit., p. 20.

comunicador assume então toda a sua dimensão: negociar intervenções em programas formatados de antemão para transmitir uma mensagem. Como o tempo de palavra é reduzido, é necessário rentabilizá-lo. Então eles aplicam as regras publicitárias. Para "vender uma ideia", é preciso: 1. fazer uma única promessa; 2. adaptar-se ao alvo; 3. ser simples; 4. crível; 5. durável, maleável; 6. oportunista. Entendemos então por que as campanhas focalizam poucos assuntos e os discursos se reduzem a slogans.

Sob pressão dos índices de audiência, os programas políticos se tornaram mais raros. Os consultores devem fazer então com que seus clientes apareçam em outros programas, principalmente de diversão. Qualquer coisa serve para falar de si mesmo, melhorar sua "imagem" e transplantá-la na cabeça dos espectadores. De qualquer modo, desde que os partidos do governo padronizaram seus programas para se apropriar do "centro", tudo gira em torno da "personalidade" dos candidatos, que é o equivalente da "imagem de marca". Não se fala mais do político, mas de sua mulher, de seus filhos, de seus *hobbies*.

Essa degradação da vida política chega ao extremo em países dominados por juntas violentas, que recorrem abundantemente aos serviços de agências de "relações públicas" ocidentais para melhorar sua "comunicação" interna e externa ou escolher o fantoche que tem mais chances de "seduzir" as massas locais. A Guatemala pagou um preço alto por isso: o fundador da indústria das *public relations* mobilizou a opinião pública americana para preparar o golpe das elites locais e da CIA contra o presidente democrata que havia ousado começar uma reforma agrária nessa república de bananas da United Fruit[13].

A espetacular Guerra do Golfo levou essas manipulações de massa ao seu ápice. Uma agência de *public relations* preparou o falso testemunho de uma enfermeira que disse ao Congresso americano que viu soldados iraquianos matarem bebês. Houve intensa comoção do público, definitivamente convencido de que era necessário partir para a guerra. Os assessores de Bush aplicaram a *novilíngua*. Falar em "ataques cirúrgicos" tornou os bombardeios mais "aceitáveis", embora não menos fatais. Sutis estratégias de marketing político para vender a guerra para uma opinião pública reticente.

Ainda que a mídia tenha reconhecido depois que se deixou transformar em porta-voz das empresas propagandistas dos aliados, as operações de envenenamento continuaram. Para justificar a intervenção da Otan, agências de relações públicas se esforçaram para "igualar sérvios a nazistas"[14], contribuindo dessa forma para as campanhas de desinformação

---
13. Cf. Armand Mattelart, *L'Internationale Publicitaire*, Paris, La Découverte, 1989, p. 53.
14. Jacques Merlino, *Les vérités yougoslaves ne sont pas toutes bonnes à dire*, Paris, Albin Michel, 1993, p. 125 ss.

sobre a existência de um genocídio no Kosovo. A mídia, os intelectuais e a opinião pública se deixaram levar. Mais tarde, o Tribunal Penal Internacional encontrou 2.108 cadáveres e nenhum ossuário. A famosa "Operação Ferradura" foi invenção dos serviços secretos ocidentais, e o crápula do Milosevic foi perseguido somente por crimes de guerra[15].

O Office of Global Communication anglo-americano fez um bom trabalho durante a Segunda Guerra no Iraque. Se as mentiras em relação às armas de destruição em massa não surtiram efeito na Europa, o golpe que derrubou a estátua de Saddam Hussein (organizado de antemão *pela* coalizão e *para* a mídia) teve o efeito imediato de justificar a guerra, recuperando o potencial emocional das imagens do fim do comunismo.

A primeira coisa que se deve reapropriar é o sentido das palavras. Os governos sempre fizeram propaganda. Na França, antes da Segunda Guerra Mundial, havia um ministério com esse nome. Depois, por motivos legítimos, o termo se tornou pejorativo, e os propagandistas foram rebatizados com o belo nome de "assessores de comunicação" (ou especialistas em "relações públicas"), cercando de uma aura de honestidade a natureza manipuladora desse trabalho dificilmente detectável.

---
15. Serge Halimi e Dominique Vidal, *L'opinion, ça se travaille... Les médias, l'Otan et la guerra du Kosovo*, Marselha, Agone, 2000.

A situação já está bastante deteriorada, mas os propagadores da comunicação criaram recentemente o *lobby* Democracia e Comunicação, para tentar derrubar as restrições da justiça francesa à publicidade na política (como a proibição de anúncios na televisão, que foi suspensa durante as eleições europeias de 2004). Entre eles, Jacques Séguéla. Aquele que gosta de se apresentar como um "filho da publicidade", um "mercenário rico" e um "camaleão" conhece bem a profissão. Ele criou a publicidade de François Mitterrand ("Geração Mitterrand") e de vários partidos no mundo inteiro, e orgulha-se de mudar de campo para estar sempre do lado do vencedor[16]. Como tantos marqueteiros franceses, participou da rede "françáfrica"[17] e trabalhou para ditadores, que *também* servem tão apropriadamente aos interesses econômicos da indústria francesa, em particular a petrolífera[18].

Se pusermos essa evolução numa perspectiva histórica, o que teremos, como diz Jürgen Habermas, é uma "refeudalização do espaço público"[19]. Na Idade Média, as decisões políticas eram tomadas nos recessos dos arcanos do poder.

---

16. Cf. Jacques Séguéla, *Fils de pub*, Paris, Flammarion, 1992; *Le vertige des urnes*, op. cit., p. 10 e 18.
17. Termo usado para definir as relações políticas, econômicas e militares que unem a França a países da África, entre os quais as antigas colônias francesas. (N. T.)
18. Cf. Florence Amalou, op. cit., p. 213-227; Raphaëlle Bacqué, "La valse africaine des 'communicants' français", *Le Monde*, 28 nov. 1998.
19. Jürgen Habermas, *L'espace public,* Paris, Payot, 1978.

O que se oferecia ao povo eram desfiles e festas em que os poderosos se exibiam para aumentar seu prestígio. Com o Iluminismo, formou-se um público que não se contentava mais em aclamar passivamente o poder, mas sim o contestava e discutia. Essa foi a origem das revoluções políticas modernas. No entanto, com a concentração econômica e o surgimento do novo poder político, o das grandes empresas, o espaço público voltou a ser um palco alegre, em que os poderosos desfilam para receber ovações. As grandes orientações políticas não são mais discutidas, mas impostas por táticas de comunicação que escondem os objetivos. É a fabricação da adesão, *the manufacturing of consent*.

Podemos ficar indignados com a "passagem da democracia representativa para a democracia consumista" anunciada por Séguéla[20]. Mas essa deturpação apenas leva ao paroxismo as insuficiências da democracia representativa, que não exige nosso engajamento na esfera política. Muito pelo contrário. A partir do momento em que o conceito de participação se reduz a votar a cada cinco anos, não nos surpreende que o poder seja confiscado por políticos profissionais, especialistas e assessores. O espírito "progressista" tem responsabilidade nessa deriva. Desprezou as tradições populares de autogoverno local e não mostrou nenhuma perspicácia diante do desenvolvimento industrial e midiático,

---

20. Jacques Séguéla, *Le vertige des urnes*, op. cit., p. 38.

assimilando-o ao progresso e não considerando seus efeitos nocivos sobre as condições concretas do debate público e da soberania popular.

Infelizmente, é lógico que a política se reduza cada vez mais a um espetáculo. A gangrena publicitária só revela os limites de um conceito pouco exigente e excessivamente *midiatizado* (isto é, indireto) da democracia. O caminho está livre para manipular a opinião pública, disfarçando qualquer política, estatal ou industrial, com um véu de interesse geral. Em 2004, os laboratórios farmacêuticos Sanofi-Synthélabo lançaram uma oferta pública de compra agressiva da Aventis. De acordo com a campanha realizada na época, o que motivou a formação desse quase monopólio farmacêutico foi apenas a preocupação humanitária de salvar vidas.

A criação industrial de novas doenças

Na Idade Média, charlatões e tira-dentes já prometiam beleza e saúde, e até a juventude eterna, com a ajuda de poções milagrosas e elixires da juventude. Era de esperar que, com o progresso, essas práticas acabassem. Ao contrário, a publicidade as exacerbou. Não é preciso nos aprofundar no exemplo caricatural dos cosméticos. Mas a forma bem pouco conhecida como a indústria farmacêutica utiliza o sistema publicitário para perverter a medicina merece ser lembrada.

Na França, a venda e a publicidade *direta* de remédios são limitadas – mas cada vez menos. A indústria farmacêutica procura se aproximar do grande público, e os publicitários especificam, admirados: "Rivalizando em subterfúgios para contornar uma regulamentação rígida." Eles gostariam de imitar os Estados Unidos, onde a desregulamentação liberal autorizou o *direct to consumer*. Lá, em dez anos, os gastos com publicidade foram multiplicados por dez, e a receita gerada pelos remédios, por três[21]...

Não chegamos a esse nível na França, mas mesmo assim o sistema publicitário é muito ativo, achacando o alvo autorizado por lei: quem prescreve. Os médicos são cercados por um exército de representantes de laboratórios. Não é raro que se mencione a falta de pessoal médico nos hospitais. Devemos lembrar que há um representante para cada nove médicos! E não é raro que se fale da "dura necessidade" de fazer os países pobres pagarem pelo direito de patente para financiar a pesquisa médica, o que multiplica por dez, ou até mais, o preço dos remédios. Devemos lembrar que os laboratórios destinam de 9% a 18% de seu orçamento à pesquisa, ou seja, três vezes menos do que gastam com marketing[22].

---

21. *Stratégies*, n. 1.317, 11 mar. 2004, p. 47.
22. Cf. "The Pharmaceutical Industry as a Medicine Provider", *Lancet*, n. 360, 2002, p. 1.590-1.595.

Durante muito tempo convencidos de que estavam agindo corretamente – fazer o melhor para a saúde do paciente –, os médicos agora percebem que foram levados a preconizar o consumo excessivo de certos produtos. Um sistema publicitário eficiente procura transformar quem prescreve na mão gigante que esmaga os doentes. É assim que opera a propaganda intensiva, explicada por alguém que já foi vítima dela. No começo dos estudos, o futuro médico descobre deslumbrado um mundo de brindes e logotipos que se tornam íntimos e generosos patrocinadores de noitadas e férias de inverno. A contraparte parece insignificante: fingir escutá-los enquanto pintam uma linda "verdade científica" sobre determinado produto. De todo modo, eles "participam da formação", como dizem os médicos mais experientes, já bem formatados.

Mais tarde, o estudante começa a conhecer a sério as patologias. Os livros preconizam em negrito certos medicamentos, cujo anúncio colorido aparece na capa ou no miolo da obra. Livros escritos pela "fina flor da medicina" ganham notoriedade, graças às bolsas dos laboratórios da especialidade – aqueles mesmos que produzem os medicamentos em destaque. Mas, para o estudante, esse livro é "a" referência indispensável. E como a medicina é decorada, essa informação segue o mesmo processo! Ao se tornar residente, o estudante vai aos laboratórios – por vontade própria ou por obrigação – várias vezes por semana (em "visitas de cortesia", "palestras" etc.). Além disso, o chefe do seu departamento pode pressioná-lo, direta ou indiretamente, para que oriente as prescrições a favor do laboratório X, parceiro do departamento.

Durante toda a sua vida profissional, o médico será cortejado da melhor maneira possível. Reuniões, almoços, "viagens de formação" vão enriquecê-lo com um conhecimento pré-mastigado, habilmente disfarçado, se necessário, em revistas especializadas ou folhetos que enaltecem as propriedades do remédio e, às vezes, "se esquecem" de mencionar alguns efeitos colaterais. Quando as pílulas contraceptivas de terceira geração (mais bem toleradas que as precedentes, que tinham a fama de aumentar os riscos cardiovasculares) foram lançadas, um laboratório explicava em seus folhetos promocionais que, ao contrário das pílulas concorrentes, as suas não aumentavam a taxa de colesterol. Uma leitura atenta mostrava que essa prova "científica" havia sido feita... com coelhas. As cobaias iam gostar de saber.

Assim, mesmo que os médicos tenham desenvolvido certo olhar crítico (muito recentemente), esses mecanismos ainda funcionam. Quando os representantes param de assediar os médicos, a quantidade de medicamentos prescritos na zona geográfica abandonada (vigiada com a cumplicidade dos farmacêuticos e das agências públicas da Previdência

Social) cai. Eles aguçam o senso clínico dos médicos? Sim, para doenças que não existem ou são *criadas* em simpósios e artigos "científicos", ratificadas por distintos professores[23]. Essa criação é particularmente fácil quando a fronteira entre o normal e o patológico é tênue. A partir de qual patamar a taxa de colesterol e a pressão arterial devem ser tratadas? A mínima mudança pode gerar um imenso mercado...

Philippe Pignarre, que trabalhou dezessete anos na indústria farmacêutica, lembra que ela é a "joia da coroa capitalista". Os lucros são maiores do que em qualquer outro setor, mesmo os bancos. Mas, para mantê-los, e considerando-se a validade das patentes, é necessário inovar e incentivar sempre, sem o menor cuidado, o consumo de novos produtos. Philippe Pignarre detalha as estratégias utilizadas: um mesmo artigo é publicado com autorias diferentes para chamar a atenção para uma nova molécula e sugerir aos médicos que as vantagens foram realmente comprovadas; o novo produto pode ser comercializado com dois nomes diferentes para se impor mais rápido (estratégia de comarketing); os médicos são incentivados a prescrevê-lo de preferência a outro qualquer etc. Quando as moléculas caem em domínio público, os laboratórios "cosmetizam" o medicamento, apostando na fama da marca. Por exemplo, fazem de tudo para que o público esqueça que o Doliprane

---

23. Cf. *Prescrire*, n. 243, out. 2003, p. 712-714.

é apenas paracetamol. Também lançam mão de "estratégias de nichos": propõem medicamentos num subcampo limitado de certa patologia e depois "trabalham para ampliar esse segmento, formando médicos para detectá-lo" e "sensibilizando a imprensa de grande público. Também vimos surgir 'novos' distúrbios psiquiátricos"[24], como algumas formas breves de depressão ou esquizofrenias precoces.

Na falta de novos medicamentos, os laboratórios chegam a inventar novos pacientes para vender produtos antigos. Para isso, utilizam os estratagemas do sistema publicitário, principalmente as táticas de comunicação dirigidas diretamente às massas. Nos Estados Unidos apareceu de repente uma nova doença, o "distúrbio de fobia social". Entre 1997 e 1998, a mídia fez cerca de cinquenta referências a ela, mas em 1999 a epidemia se espalhou: foram mais de 1 bilhão de referências. O que aconteceu? Nada, exceto a implantação de uma estratégia ativa de relações públicas em nome de um laboratório que estava à procura de novas possibilidades de venda para um antidepressivo, o Paxil, cujas vendas cresceram 18% em 2000[25].

Essas estratégias são perigosas, pois os medicamentos podem provocar uma série de efeitos colaterais, que vão de

---
24. Philippe Pignarre, *Le grand secret de l'industrie pharmaceutique*, Paris, La Découverte, 2003, p. 150 ss.
25. *International Herald Tribune*, 17 jul. 2001.

benignos a mortais. Por exemplo, um laboratório lança um hormônio para amenizar a "menopausa masculina". A publicidade se vale do desejo do homem de "se manter jovem" e conservar sua libido. Mas é possível que, a longo prazo, a testosterona proposta leve a um aumento drástico do número de cânceres de próstata. E, a curto prazo, os testes clínicos com 2.500 pessoas são estatisticamente inexpressivos demais para detectar um efeito grave – em caso de problema, os laboratórios fazem o possível para atribuí-lo às características das cobaias, e não das moléculas. Em 1985, a comercialização de um inibidor de apetite foi autorizada. Foram movidos céus, terras e congressos sobre o produto milagroso que prometia melhorar o dia a dia de milhões de pessoas que ficaram doentes porque consumiram demais ou, na maioria das vezes, se tornaram escravas de um conformismo físico criado sobretudo pela publicidade. Em poucos anos, o medicamento era consumido por 7 milhões de pessoas. Foi então que se percebeu o perigo: duzentas pessoas morreram ou ficaram com graves sequelas.

A engenhosidade para maximizar a rentabilidade do triângulo médico-doente-laboratório é assustadora. A predominância da imagem sobre a verdade é uma característica indiscutível da publicidade. Na saúde, ela é criminosa, porque os medicamentos são verdadeiras minas terrestres. O princípio da precaução foi varrido por uma onda publicitária que estimula o consumo excessivo de remédios que provocam 1,3 milhão de hospitalizações (10% do total!) e 18 mil mortes por ano na França. Para manter a ilusão obsessiva da saúde, da beleza e da juventude eternas, a Big Pharma criou novas doenças.

O cinismo dos laboratórios só se compara ao dos marqueteiros. Eles sacrificam *conscientemente* nossa independência, e até nossa vida, ao Deus Lucro. Mas seria um erro e uma injustiça atribuir essa deriva médica unicamente ao sistema publicitário. Ele apenas revela e agrava as insuficiências de um conceito da medicina conhecido como *assistência médica*, focado na prescrição de medicamentos químicos cuja violência provoca patologias e dependências. As estatísticas comprovam que os avanços na saúde pública não estão diretamente vinculados aos medicamentos modernos, mas muito mais à melhoria das condições de vida, principalmente da alimentação, isto é, das coisas que os indivíduos podem controlar *por si mesmos*. Outro conceito da saúde está surgindo, o da *autonomia pessoal*. Cada um de nós pode praticá-lo através de um estilo de vida saudável e recorrer à assistência médica apenas em alguns casos excepcionais.

Os "avanços espetaculares" da técnica médica não só não contribuíram para o aumento de expectativa de vida, como têm efeitos nefastos, não desejados pelos médicos. Por outro lado, em vez de estimular os indivíduos a cuidar de sua saúde com um estilo de vida sadio, eles reforçam a ideia de que garantimos nossa saúde quando consumimos diariamente cuidados fornecidos por instâncias especializadas. Além disso, esses "avanços" são usados sistematicamente para justificar as condições de vida modernas – condições que são cada vez mais patogênicas! O câncer, que mata 150 mil franceses todos os anos, é uma epidemia vinculada à indústria e, em especial, a essa química que também é a base da farmacopeia. A civilização industrial criou novas doenças, e o sistema médico está longe de ser saudável. Como escreve Ivan Illich:

> Uma estrutura social e política destrutiva encontra seu álibi no poder de satisfazer suas vítimas com terapias que elas aprenderam a desejar. O consumidor de tratamentos se torna incapaz de se curar e curar seus familiares[26].

---

26. Ivan Illich, *Oeuvres complètes: Némésis médicale*, Paris, Fayard, 2004, v. 1, p. 585.

7 – O mundo agoniza em razão do nosso modo de vida

Inúmeros problemas ecológicos estão surgindo e vão se agravar até se tornarem insuperáveis: efeito estufa, poluição de todos os tipos (química, nuclear, genética), esgotamento dos recursos, degradação dos solos, desflorestamento, diminuição da biodiversidade etc. O potencial explosivo são os efeitos sociais que eles geram em seu rastro: epidemias, fome, guerra pelo controle de recursos, degradação política etc. O século XXI se anuncia tão brutal quanto conturbado. Pouparemos os leitores da crônica detalhada dessa catástrofe anunciada. A lista dos prejuízos e dos riscos que se acumulam no cortejo triunfal do crescimento capitalista já foi feita por outros[1].

---

1. Cf., por exemplo, Yves Dupont (dir.), *Dictionnaire des risques*, Paris, Armand Collin, 2003; ou, para uma versão ilustrada, Laurent de Bartillat e Simon Retallack, *Stop!*, Paris, Le Seuil, 2003.

Nossas sociedades seguem reto para o desastre e, nessa corrida desenfreada, levam a Terra inteira com elas. Mas não podemos mais culpar a neblina de nos impedir de enxergar o futuro. Ela se dissipou há muito tempo, e as tentativas de criar uma nova só iludem aqueles que desejam se manter iludidos. A novidade é que não podemos mais fechar os olhos, porque teríamos também de tapar os ouvidos e o nariz – na verdade, fazer uma lobotomia – para não ver o processo de degradação do mundo em que vivemos precariamente. Alguns veem nisso apenas "danos colaterais do crescimento" e o "preço do progresso". Já nós falamos de devastação do mundo.

A devastação do mundo

O mundo não é essa abstração que os economistas, os cientistas e os políticos veem em tabelas de números, mas o ambiente sensível do nosso cotidiano. Esse mundo vivido tem duas faces indissociáveis: *os homens E a natureza.*

Não existe mundo se ele não for habitado pelos homens. O mundo sem os homens é o "universo", o espaço vazio, inerte, infinito. O mundo tem, portanto, uma face social e cultural. Ele não está fora de nós, mas em nós e entre nós. Reciprocamente, não existe vida nem atividade humana fora de uma natureza que preexiste e impõe limites a elas. A natureza que defendemos não é a *wilderness*, a virgindade imaculada com que sonham os representantes da ecologia pura. Não existe mais "natureza virgem" e, mesmo que existisse, não seria para preservá-la que precisaríamos nos engajar, mas para conservar o nosso ambiente de vida e de todos aqueles com quem o compartilhamos – o "campo" como espaço natural moldado pela cultura e pela história, mais do que o "universo". E a preservação deste passa necessariamente por uma relação comedida com a natureza em que vivemos, uma maneira de humanizá-la sem acabar com ela. Diante das nossas tecnologias semi-hábeis, que querem se libertar dela ou acreditam poder dominá-la, ela manifesta sua independência selvagem na forma de consequências imprevistas que arruínam as supostas "vitórias" contra ela.

Falar em "devastação do mundo" significa que uma parte da humanidade está sacrificando a outra no altar do crescimento *e* destruindo as condições naturais da vida humana em geral. O Planeta Azul está se transformando num cinzento lixão. As futuras gerações talvez nem tenham a chance de vir "ao mundo", já que herdarão um mundo tão imundo que, para alguns, a vida será inviável. Sob certas condições, a vida nem merece ser vivida, de tão desfigurada que foi. Talvez nem seja possível, se considerarmos a ameaça nuclear – que nunca foi tão séria, dada a proliferação de armas, centrais e lixo atômico.

A desertificação real do planeta é apenas o aspecto mais visível: o mundo se limita e o imundo se espalha (erosões, inundações, abandono de espaços por contaminações que o tornam inutilizável etc.). Contudo, não podemos reduzir esse processo ao seu lado material e ecológico. A devastação também é social, cultural e espiritual. Devastar é "esvaziar até destruir", tornar deserto. O deserto é um mundo pobre, um espaço quase ou totalmente inviável, um universo em que não é "bom viver". E o que torna o mundo deserto também é o desencanto, a perda de vínculo social por causa da competição feroz entre indivíduos isolados.

Essa miséria humana é a desolação, a produção industrial da solidão. Se o mundo implica conviver, viver junto, compartilhar, ajudar-se mutuamente e ser solidário – isto é, respeitar a tudo e a todos que fazem parte do mundo –, sua devastação exprime a eliminação da convivência em prol da justaposição de egos desiguais, que não têm nada para compartilhar além da indiferença. Estar ao lado uns dos outros não significa viver juntos, como mostram os sem-teto que morrem por causa do frio. O sintoma mais gritante da desolação não é o fato de o Estado ter de fazer campanhas publicitárias para que os cidadãos se solidarizem com a situação dos sem-teto?

A "multidão solitária" e a redução da relação humana a "contatos" são características conhecidas das nossas sociedades urbanas. Hannah Arendt, de quem emprestamos o conceito de desolação, viu nisso uma das origens do totalitarismo: "A transformação das classes em massas e a eliminação paralela de qualquer solidariedade de grupo são condições *sine qua non* para a dominação total"[2]. A desolação desencoraja qualquer resistência que não seja leviana. Para nos opormos a um poder, precisamos estar unidos, ao contrário do que diz o clássico preceito político: "Dividir para melhor reinar". A desolação, vertente subjetiva da devastação, é uma das suas alavancas. Enquanto nos concentrarmos em nós mesmos e nos contentarmos com esse desengajamento tão prático, a devastação continuará nessa rota traçada de antemão.

A devastação do mundo não é um processo externo. Nós mesmos somos tão devastados quanto as periferias das nossas cidades. Ela está dentro de nós, gravada no fundo do nosso coração e da nossa mente desértica. A devastação é um *estado de coisas E um estado de espírito*, feito de negligência despreocupada e deserção desenvolta – esse estado de espírito "feito de hedonismo *cool* e irônico" que certos publicitários se orgulham de difundir[3]. A devastação é também o caráter imundo do que vemos, fazemos, consumimos e dizemos *E* a indiferença imunda que isso suscita. É

---

2. Hannah Arendt, *Le système totalitaire*, Paris, Le Seuil, 1972, p. 17.
3. Bernard Cathelat, *Publicité et société*, 5. ed., Paris, Payot, 2001, p. 36.

tudo o que acontece ao nosso redor e a nossa passividade diante desse mundo que está morrendo.

Esse estado não é um estado acabado, mas um processo infinito nos seus múltiplos aspectos. Não estamos anunciando o "fim do mundo" (o planeta e a natureza são muito mais sólidos do que as sociedades), mas constatando a degradação do nosso mundo humano, concebido de maneira *qualitativa*, como o inverso daquilo que é imundo. Marx e Nietzsche, cada um à sua maneira, assistiram a esse processo já no século XIX. Em seu *Manifesto*, Marx explica que o capitalismo afogará todas as relações humanas nas "águas geladas do cálculo egoísta". Em *Zaratustra*, Nietzsche constata que o "deserto está crescendo". Como diz o recente *Appel* [Apelo][4], o deserto não pode mais se estender, porque já está por toda parte, mas pode se aprofundar. Tudo depende da nossa capacidade de superar a atomização e voltar a ser uma força que age.

Essa devastação, que é resultado de um movimento de expansão do capitalismo, manifesta-se de forma exemplar em nosso vocabulário cotidiano. Houve um tempo em que se considerava que uma sociedade justa e decente devia reconhecer o lugar de cada um e respeitar a diversidade dos indivíduos. Hoje, temos de "nos adaptar", "ganhar" a nossa vida, aprender a "nos vender", a "administrar" nossas emoções e

---

4. Livro sem autor nem editora publicado na França em 2003. (N. T).

"gerenciar nossa carteira de relações", sem esquecer, é claro, o "capital de juventude" e o "capital de saúde". Os alemães falam até em *Ich-AG*, o Eu S/A. Esse conceito de identidade pessoal baseado no modelo da sociedade anônima é o ápice de uma transposição do léxico da grande empresa para o conjunto da vida humana – transposição que não só revela a devastação do mundo, mas também restringe o imaginário necessário para se opor a ela. E essa miséria espiritual se sustenta num discurso que convence cada um de nós de que nada é autêntico (nem nunca foi), que "artificial" não quer dizer nada, e é ilusão querer construir um mundo menos factício.

A publicidade é ao mesmo tempo o vetor e a vitrine da devastação. Contribui para a destruição ecológica do planeta, a deterioração do imaginário e a espetacular imbecilização. E encarna essa miséria de maneira exemplar, pelo desperdício que representa, pela idiotice que manifesta, pela feiura que exibe e pelo cinismo que espalha. Não é o cúmulo o fato de que nas escolas de marketing os jovens sejam adestrados a adestrar outros ainda mais jovens?

Com certeza, seremos criticados pelo tom apocalíptico e unilateral. Mas os médicos também não são criticados por não examinar pessoas saudáveis? É claro que o mundo ainda não se tornou totalmente desumano, imundo e insuportável – na verdade, isso depende de quem e de quanto tempo. A situação está piorando. Cada novo dia traz novos retrocessos e o deserto está engolindo o oásis. O mais preocupante é a paralisia que esse avanço do deserto provoca numa maioria consciente, bem como o entusiasmo das elites, que continuam a se extasiar com o "progresso" – e o avaliam unicamente pela insana medida do crescimento.

A ideologia econômica do crescimento

Todas as sociedades enfrentaram dilemas e impasses, mas hoje estamos numa situação particular. Como comprovou Ulrich Beck, nossos problemas não são criados *de fora*, por outras sociedades ou um meio ambiente hostil, mas, ao contrário, são endógenos e sistemáticos. Até no que diz respeito a uma série de "catástrofes naturais", que são, na verdade, consequência de um desenvolvimento que ignora e maltrata a natureza (por exemplo, as inundações recorrentes estão vinculadas à degradação do solo, sem falar das alterações climáticas). Nossas sociedades modernas estão diante da sua própria irracionalidade, porque esses problemas foram efeitos induzidos pela sua dinâmica. Os riscos "são o *produto global* da máquina industrial do progresso e são *sistematicamente* amplificados pelo prosseguimento do seu desenvolvimento"[5].

O inimigo não está fora de nós, mas em nós. Portanto, é necessário rever alguns dogmas constitutivos do nosso modo

---

5. Ulrich Beck, *La société du risque*, Paris, Flammarion, 2001, p. 40.

de viver e pensar, começando por essa religião substituta que domina o Ocidente há mais de dois séculos, o progresso. É justamente o progresso, no sentido dado pelas elites, que está em questão. Algumas sociedades tradicionais eram ameaçadas pela miséria. O desejo de produzir mais fazia sentido. Nós, ao contrário, somos ameaçados pelas consequências da superabundância descartável. Produzimos demais, a ponto de termos de destruir a superprodução que as campanhas publicitárias não conseguem nos fazer engolir. A máquina econômica se acelerou demais, e perdemos o controle.

O *futuro insuportável* está sendo preparado pela economia capitalista, um sistema que não tem mais nada a ver com o significado original do termo *economia*: a administração conscienciosa dos recursos de uma casa, concebida como um lugar de vida em comum. A economia moderna, ao contrário, se sustenta no saque e na destruição de todos os recursos, humanos e naturais. Não se trata mais de atender às necessidades para garantir a vida em comum, mas acumular por si mesma uma riqueza abstrata. A economia se tornou autônoma. Ao desconsiderar as exigências da vida humana, ela visa apenas a seu próprio desenvolvimento sem fim.

O caráter tradicional desse tipo de desenvolvimento aparece claramente quando examinamos o modo como o crescimento é medido. O Produto Interno Bruto (PIB) é a soma de todos os valores agregados produzidos pelas atividades comerciais (ou semelhantes), e cada aumento do total é apresentado como um crescimento do nível de vida. Para não comprometer a "objetividade científica", os economistas se recusam a avaliar a utilidade social ou até a nocividade efetiva dessas atividades[6]. Qualquer coisa que gere fluxos monetários (desde minas terrestres até pesticidas cancerígenos) acrescenta algo à "riqueza nacional". Mas o que desaparece e não é substituído não é subtraído, e os danos causados pela "geração de riqueza" não são considerados, exceto... se suscitarem atividades que também gerem valor. Então os danos se tornam fonte de crescimento.

Para citar um exemplo, os ciclistas não têm importância para o PIB, pois geram pouca atividade comercial (alguns consertos por ano). Já os motoristas têm uma participação muito maior na "riqueza nacional", tanto por tudo que eles consomem quanto pelos danos que eles provocam (ruído, poluição, estresse etc.) e que geram novas despesas (janelas antirruído, ar-condicionado, tratamento de idosos e crianças que sofrem com a poluição etc.). E, ainda por cima, os motoristas que dirigem em alta velocidade e atropelam ciclistas contribuem para o "crescimento do nível de vida" (maior consumo de gasolina, tratamento médico dos feridos etc.).

Prisioneiros de um conceito *quantitativo* da riqueza, e felizes com os acréscimos prodigiosos de valor monetário, os peritos em contabilidade nacional são insensíveis à degra-

---

6. Cf. Dominique Méda, *Qu'est-ce que la richesse?*, Paris, Flammarion, 1999.

dação da qualidade de vida contra a qual tantos se queixam. Para criticar o extremo reducionismo do PIB, pesquisadores americanos criaram um indicador de "saúde social" que inclui outras variáveis, como as desigualdades sociais, a mortalidade e a pobreza infantis, as taxas de suicídio e homicídio, a pobreza dos idosos etc. No relatório que enviaram ao Congresso em 1995, puseram num mesmo gráfico o PIB e a saúde social do país. Durante algum tempo, as curvas evoluíram paralelamente; contudo, em meados dos anos 1970, houve uma separação: o PIB continuou a crescer, enquanto a saúde social despencou. Como esclarece Jean Gadrey, o interesse dessa pesquisa não é obviamente fornecer uma "medida objetiva [...] da Felicidade Nacional Bruta"[7]. O que ela mostra, mesmo sem incluir variáveis ecológicas, é o custo do crescimento. *Além de determinado patamar, o aumento do nível de vida ocorre em detrimento da sua qualidade.*

Isso não acontece por acaso. Aumento do nível de vida e degradação da qualidade de vida, consumismo e devastação parecem se alimentar mutuamente, numa espiral regressiva. A maneira patentemente absurda como o crescimento é avaliado revela uma verdade profunda: a compensação dos danos tem um "papel dinâmico de locomotiva econômica"[8].

---
7. Jean Gadrey, *Nouvelle économie, nouveau mythe?*, Paris, Flammarion, 2000, p. 54.
8. Jean Baudrillard, *La société de consommation de soi*, Paris, Verticales, 1999, p. 46.

Para os economistas, os riscos futuros têm um valor positivo, pois constituem esse reservatório inesgotável de "necessidades" de que o capital precisa para se reproduzir.

Por exemplo, para conseguir um rendimento cada vez mais alto, a agricultura produtivista utiliza maciçamente adubos químicos, o que leva a um esgotamento do solo que só pode ser remediado pelo uso ainda mais intensivo de adubos. A indústria de fertilizantes prospera, graças aos estragos que ela mesma provoca[9]. Outras indústrias também podem ser incluídas nesse círculo vicioso de despejos, em especial de água mineral para compensar a contaminação dos lençóis freáticos (quanto menos natural a água da torneira, maior o consumo de água em garrafa).

O sistema industrial se estende numa dinâmica infinita, já que cada um de seus desdobramentos provoca danos que ele pode compensar fornecendo falsas soluções, que, por sua vez, provocam novos danos. Ele devasta o que existe e compensa o vazio com sucedâneos comerciais do que destruiu. É claro que não se trata de uma "conspiração" deliberada. É um efeito do sistema, que está por toda parte.

Esse efeito é o resultado lógico do desenvolvimento de uma forma de riqueza muito peculiar. Com o capitalismo, a

---

9. A agricultura transgênica é apenas o resultado necessário dessa "sequência insana de paliativos cada vez mais destruidores". Cf. *Remarques sur l'agriculture génétiquement modifiée et la dégradation des espèces*, Paris, Éditions de l'Encyclopédie des Nuisances, 1999, p. 65-75.

riqueza se tornou cada vez mais instável e inalcançável. Mesmo quando se materializa em móveis, máquinas e imóveis, a riqueza gerada está inserida num movimento devorador de autocrescimento que pode se apoderar de tudo, inclusive dos homens e da natureza, para valorizá-los. Mas foi primeiro o mundo humano (os objetos e as obras que constituem o nosso entorno) que essa lógica abstrata atacou.

Entendemos intuitivamente o interesse que as empresas têm em produzir bens de qualidade medíocre, que não duram muito, para que os clientes comprem com frequência. Elas usam várias estratégias para acelerar a obsolescência dos produtos, e a publicidade é apenas uma delas, e não necessariamente a menos honesta. Por exemplo, a vida útil de certos componentes (em especial dos eletrônicos) é cientificamente calculada para que quebrem logo depois do fim da garantia. Trocar o aparelho parece uma coisa "natural", já que o conserto está se tornando – de propósito – cada vez mais complicado.

Não é nada natural o fato de que o mundo dos objetos seja submetido a ciclos cada vez mais curtos de *consumo*. Na qualidade de ser vivo, o homem consome alimentos para subsistir, e o que faz parte do ciclo natural de consumo são justamente esses alimentos, que são devolvidos ao meio ambiente de forma degradada (dejetos) e precisam ser produzidos continuamente. No mundo pré-industrial, o mundo dos objetos não entrava nesse ciclo de produção, destruição e troca, pelo menos em tempos de paz. Os utensílios da vida cotidiana, como mesas, camas e outros móveis, além das casas, eram produzidos artesanalmente e eram com frequência mais estáveis e resistentes ao tempo do que os produtos da indústria moderna.

Vemos claramente que um mundo em que a riqueza é representada por um patrimônio durável não favorece a circulação de dinheiro e a acumulação de riqueza abstrata. O crescimento exige que o mundo humano seja cada vez mais instável e perecível. E hoje, com os transgênicos, ele leva a nossa sociedade a modificar a natureza conforme o modelo do produto fabricado em série, renovável e descartável[10]. Não foi à toa que os criadores da contabilidade nacional moderna preferiram medir apenas os *fluxos* de riqueza monetária. Esse conceito de "riqueza" pode parecer redutor, pouco patrimonial e excessivamente quantitativo, mas está de acordo com a lógica da economia moderna, em que o que importa é o movimento. Para criar riqueza abstrata, a valorização capitalista precisa tornar os bens concretos consumíveis e, portanto, perecíveis[11].

---

10. Cf. Jean-Pierre Berlan, *La guerre au vivant: OGM et autres mystifications scientifiques*, Marselha, Agone/Contre-Feux, 2001.
11. Cf. Günther Anders, "Le monde comme fantôme et comme matrice", em *L'obsolescence de l'homme*, Paris, Éditions de l'Encyclopédie des Nuisances/Ivréa, 2002 (primeira publicação em alemão, 1956).

O crescimento promete abundância para todos. Mas, na verdade, o que existe em profusão é menos uma riqueza no fundo volátil do que danos e desigualdades bastante reais. Apesar de tudo, e seja qual for o preço, precisamos crescer. Essa é uma ideia que domina todas as formas de pensar, seja de direita ou de esquerda. É tipicamente uma ideologia. É o pensamento único de todas as nossas elites, e o surto de consciência de Chirac – que se assustou com a "fratura social" que não para de aumentar e bradou em Johannesburgo: "A casa está pegando fogo!" – não muda essa obsessão de crescimento infinito, desconectada da realidade de um mundo cujos recursos são finitos. E mesmo os movimentos de defesa do consumidor, embora conscientes da irracionalidade do nosso sistema econômico, às vezes param no meio do caminho para entoar o hino do crescimento.

Crítica das ilusões do movimento de defesa do consumidor

Alguns talvez estranhem o fato de criticarmos o movimento de defesa do consumidor, embora nos dicionários ele designe as associações de consumidores que defendem seus direitos e interesses contra as empresas industriais que também denunciamos. Nos Estados Unidos, *consumerism* [consumerismo] se diferencia de *consumptionism* [consumismo] e se aplica aos militantes que criticam a maneira como a indústria os trata, como se fossem cobaias. A figura emblemática do movimento é Ralph Nader, advogado engajado na luta contra os gigantes da indústria e que, por causa disso, sofreu pressões e ameaças.

Na França, a palavra *consumérisme* [consumismo] é empregada usualmente para criticar o frenesi consumista, esse consumismo que as elites industriais americanas quiseram transmitir à população para controlá-la. Nós somos fiéis a esse uso, mas acrescentamos que o *consumismo* que criticamos é tanto o modo de vida baseado no hiperconsumo quanto *as ilusões políticas que ele cria nas associações de consumidores*.

Em primeiro lugar, os movimentos de defesa do consumidor denunciam os "desvios" do sistema industrial e pressupõem com isso que estes são fruto de "má vontade acidental" de empresários "excepcionalmente pouco escrupulosos". Ora, assim nunca haverá uma guerra própria, seja militar ou econômica. Como prova a proliferação de "erros" industriais (produtos tóxicos, exploração de crianças etc.), eles são efeitos inevitáveis de um sistema que não poderia alcançar seu imperativo de rentabilidade sem gerá-los. O desejo louvável de corrigir esses "abusos" se baseia, na verdade, no desconhecimento das raízes do problema e na assimilação de radicalismo e "extremismo" por aqueles que não abrem mão de um consenso frouxo.

Em segundo lugar, esses movimentos interiorizaram de tal modo a redução do homem à dimensão única de estômago insaciável munido de carteira, que acabam expressando suas reivindicações na linguagem do sistema. O subtítulo bem-humorado de um dos primeiros jornais do movimento de defesa do consumidor na França diz: "Gasto, logo existo."[12] Seu lema é "defender o consumidor", seus direitos e interesses. Mas como estes últimos são *privados e individuais*, os piores industriais não hesitam em recorrer a eles para rebater as raras réplicas. Assim, diante da crítica à venda livre de armas, os fabricantes louvam a "liberdade do consumidor". A mesma coisa acontece com o turismo sexual: seus praticantes argumentam que, como a prostituição infantil é "tradicional" em alguns países, por que cercear a "liberdade do consumidor", se esse consumo gera dinheiro e contribui para o "desenvolvimento" desses países?

Nosso ponto de vista não é o do consumidor, mas do ser humano. Não é questão de proteger esse direito de pensar tudo, todas e todos em termos de consumo, mas de nos livrarmos do destino que os industriais querem nos impor: ser como ovelhas que eles levam para pastar, tosquiam e depois, quando não podem tirar mais nada delas, abandonam à própria sorte. Os movimentos de defesa do consumidor

---

12. O jornal, lançado no começo do século XX, chamava-se *O Consumidor*. Cf. Luc Bihl, *Consommateur, réveille-toi!*, Paris, Syros, 1992, p. 22.

renunciaram a esse ideal emancipador. De certa forma, o que eles querem é negociar as condições de criação, alimentação e matança desse rebanho.

Em terceiro lugar, esses movimentos são como as "vacinas"[13]: eles fornecem uma dose mínima de crítica inofensiva, que apenas imuniza e reforça o sistema. Assim, não nos surpreende que os industriais o apoiem. Edward Filene, o empresário americano que afirmava a necessidade de "impor certo nível de consumo" às massas, fundou o movimento de defesa do consumidor. Não podemos abandonar as lutas *políticas* que visam derrubar o sistema para cuidar de lutas que querem assegurar aos assalariados-consumidores uma porção maior de um bolo industrial que, na verdade, é ilusório e venenoso[14].

No fundo, os movimentos de defesa do consumidor não passam de um "tapa-buraco", em todas as suas formas: "*consum'ator*", "ética na etiqueta", "comércio justo", "publicidade ética" etc. Obviamente, esses movimentos não são de todo inúteis, já que podem orientar a conscientização dos problemas radicais que enfrentamos. Mas, se continuarem alimentando a ilusão de uma sociedade de hiperconsumo viável e tolerável, acabarão se revelando nocivos,

---

13. Roland Barthes, *Mythologies*, Paris, Le Seuil, 1957, p. 225.
14. Cf. Stuart Ewen, *Consciences sous influence*, Paris, Aubier Montaigne, 1983, p. 38-39.

como foi a ideia de "desenvolvimento sustentável": crescer sempre e fazer as pessoas acreditarem que o processo não é mais destruidor. Essa ideia, aplaudida pelos industriais, permite que eles continuem no mesmo caminho e ainda posem de "ecologistas".

Finalmente, as ilusões criadas por esses movimentos nos induzem a considerar as questões ecológicas somente em termos de *produção*, e a invocar a inovação tecnocientífica para tornar a indústria menos poluente. Aparentemente, trata-se de uma ideia incontestável, mas na verdade é perigosa e ilusória, porque nos priva ainda mais do controle das nossas condições de vida, delegado a "peritos". Além do mais, *mesmo que* conseguíssemos que *certas* indústrias poluíssem menos (o direito de poluir é barganhado, e a legislação é contornada para não prejudicar a "competitividade nacional"), isso não impediria o aumento *global* da poluição causada por um setor industrial que não para de crescer. O mesmo vale para os tais "carros verdes". Como poluem um pouco menos, eles permitem que se continue poluindo sem peso na consciência. Para evitar essas mistificações que sustentam a devastação, os problemas ecológicos devem ser colocados em termos de *modo de vida*. Devemos atacar o consumismo e seu combustível publicitário – e, mais uma vez, não será suficiente colar um "selo verde" nesse motor poluente.

Nosso modo de vida é negociável?

A publicidade se orgulha de liderar o crescimento. "Criar desejos para favorecer a retomada": essa é a contribuição do diretor da Publicis para o crescimento. Mas como o superconsumo sempre vem acompanhado de trabalho além do necessário, ele acrescenta que "sofremos de vários males: trabalhamos menos que nossos concorrentes, nosso custo trabalhista é mais alto e a tributação é mais pesada"[15]. Segundo a Publicis, líder dos exploradores, o melhor dos mundos seria: pessoas trabalhando o dia todo, sem proteção social e com desejos atiçados a ferro e fogo pela publicidade. Esse discurso é típico da cegueira das nossas elites, para as quais os males que precisam ser erradicados são justamente aqueles que freiam a fuga para a frente.

A publicidade não é a fonte de todos os nossos problemas, mas seu caráter marginal na questão do produtivismo industrial não pode esconder seu papel nevrálgico: difundir o modo de vida que alimenta o desenvolvimento. Consumismo e produtivismo são os dois lados da mesma moeda: o capitalismo e seu crescimento devastador. Querendo ou não, todos somos consumistas em níveis diversos. Portanto, é urgente entendermos que esse modo de vida tão confortável não é sensato. Ele não é um "modo de sobrevivência", pois

---

15. Maurice Lévy, "Désir de relance, relance par le désir", *Le Monde*, 18 fev. 2004.

compromete a possibilidade de qualquer sobrevivência futura. E não é nem mesmo um "modo de vida", mas sim uma maneira de aniquilar todas as formas de vida, ou quase: um modo de vida mortífero que leva ao suicídio coletivo. Esse é o perigoso paradoxo que queremos destacar quando dizemos que o mundo agoniza em razão do nosso modo de vida.

Todos nós estamos cientes disso, até mesmo Bush pai, que declarou paralelamente ao Rio-92: "Nosso padrão de vida não é negociável." Com isso, ele revelou duas coisas: de um lado, o problema se coloca em termos de padrão de vida; de outro, tudo pode ser negociado, exceto o que constitui a raiz de todos os males. Esse padrão de vida é aquele que caracteriza o modo de vida consumista em seu estágio atual. No fundo, os publicitários têm o mesmo discurso de Bush, só que piorado. Não só as propagandas escondem a base do problema – enquanto Bush tem a franqueza de reconhecê-lo –, como ainda nos induzem a nos acomodar no consumismo. Em resumo, publicitários, industriais e consumistas concordam com Bush: está fora de cogitação diminuir nosso nível de consumo e mudar nosso modo de vida.

Bush não fez nada além de revelar a cegueira das nossas sociedades. Sabemos que esse modo de vida é devastador e, por isso, "não é negociável", no sentido de que devemos abandoná-lo com urgência. Mas não admitimos essa conclusão, efetivamente radical, que se impõe. Diante dessa questão crucial, preferimos a hipocrisia. Criticamos a cegueira declarada de Bush pai, ao mesmo tempo que consumimos em excesso e toleramos uma publicidade que nos cega. Fazemos manifestações contra as guerras de Bush filho pelo controle do petróleo, mas andamos de carros e evitamos pensar nos meios de nos livrar desse tipo de energia, que é a própria base do nosso modo de vida. Na verdade, protestamos contra os que defendem os nossos interesses de consumidores e nos livramos das nossas responsabilidades. No fundo, preferimos dizer: "Depois de nós, o dilúvio".

Para encerrar, gostaríamos de antecipar três séries de críticas bastante conhecidas:

Primeiro, a chantagem do emprego. Todas as críticas ao crescimento costumam ser varridas pela afirmação de que o crescimento cria empregos. Na verdade, quando há ganho de produtividade, ele pode destruir tantos empregos quanto cria. E, sobretudo, nada garante que os empregos criados sejam mais úteis e menos nocivos do que os empregos que desapareceram. Será que podemos racionalmente, em nome da criação de empregos a curto prazo, nos dar o luxo de sacrificar as condições da vida futura? Em vez de nos fazer refletir sobre o meio de desarmar uma máquina infernal, essa chantagem não é a confissão de que já desistimos?

Segundo, a psicologização da contestação. Somos "pessimistas", "perturbados" ou movidos por um "medo irracional do futuro". Ao trazer o debate para uma questão de temperamento, nós o recusamos – o que é prático, pois seria muito difícil provar que não há nada a temer. E mostramos uma cegueira que apenas repete docilmente o princípio do discurso publicitário: "Todo mundo é bonito..."[16]. Hoje, basta ser simplesmente esclarecido e realista. Otimista e pessimista são apenas maneiras de se comportar diante de um problema que deve ser *previamente* reconhecido. Aquele que, por ignorância ou má-fé, nega a existência do problema e age como se nada estivesse acontecendo não é "otimista". Ou é inconsciente ou então já desistiu. E aquele que se alarma não é "pessimista", mas alguém que tem os olhos bem abertos e assume suas responsabilidades. Bush pelo menos reconhece o problema, ainda que se recuse a levá-lo em conta, como todo bom adepto liberal do *laisser-faire*, que prefere ser levado pela corrente da fuga para a frente.

Terceiro, a acusação de primitivismo. Criticar o crescimento e seus pseudoprogressos seria como alimentar o mito do "bom selvagem", fazer a apologia do obscurantismo e esquecer a liberdade individual que a modernidade permitiu. Na verdade, a cegueira progressista vive repetindo o mesmo erro que a dogmática tradicionalista. Se esta se baseia no axioma de que

---

16. Bernard Brochand e Jacques Lendrevie, *Publicitor*, Paris, Dalloz, 1993, p. 10.

o que é bom é ancestral, aquela postula que o que é bom é novo. Tanto de uma perspectiva como de outra, abstemo-nos de julgar e avaliar caso por caso o que as heranças e as inovações trazem de positivo ou negativo. Chegamos ao ponto de acreditar que tudo o que é moderno emancipa, a começar pelas máquinas, que não pretendemos rejeitar como um todo, é claro, mas cuja utilidade real devemos avaliar em relação às consequências (ecológicas, sociais, culturais etc.) de seu uso para, eventualmente, restringi-lo ou até aboli-lo. Quanto à liberdade possibilitada pela modernidade, as palavras sensatas de Christopher Lash ilustram bem a postura que devemos adotar:

> O desenvolvimento de um mercado de massa que destrói a intimidade, desestimula o espírito crítico e torna os indivíduos dependentes do consumo, que supostamente deve satisfazer às suas necessidades, aniquila a possibilidade de emancipação que o fim dos antigos entraves que pesavam sobre a imaginação e a inteligência nos deixou entrever. Consequentemente, a liberdade em relação a esses entraves muitas vezes se resume, na prática, à liberdade de escolher entre mercadorias mais ou menos iguais.[17]

---

17. Christopher Lasch, *Culture de masse ou culture populaire?*, Castelnau-le--Lez, Climats, 2001, p. 32.

Conclusão

Estava na hora de a publicidade provocar uma reação à altura da aversão que ela inspira em muitos dos nossos contemporâneos. A publicidade é infame em si mesma, como propaganda industrial que se finge de informação e às vezes consegue ser vista como tal. É infame pelo que promove: o falso hedonismo, o narcisismo das aparências mercantis, a despreocupação *"cool"* e o desprezo pelo passado por trás da nostalgia ingênua da vida de verdade "no campo". Mas sobretudo porque é um poderoso motor do consumismo e do produtivismo que levou à devastação da natureza e das sociedades. E é mais infame ainda porque contribui para esconder essa devastação do mundo, que, no entanto, é evidente.

Só podemos nos orgulhar do trabalho das associações que se empenham em sensibilizar a população para esse dano muito peculiar e avançam passo a passo contra seu imperialismo. Mas esse combate ainda é parcial. Travado pelas vias legais e jurídicas, é como Sísifo contra o rochedo, que sempre acaba descendo ladeira abaixo. Não podemos nos limitar à crítica da publicidade, como entendeu perfeitamente a associação Casseurs de Pub [Demolidores de Publicidade]. Tirando todas as conclusões do engajamento inicial, vem divulgando um jornal chamado *La Décroissance* [O Decrescimento]. A publicidade é inerente à organização da vida em que estamos inseridos e que bem ou mal toleramos. Elas são inseparáveis em todas as suas dimensões. Criticá-la sem criticar essa organização, e sem querer sair da armadilha do crescimento, é algo contraditório.

A publicidade é um componente da produção industrial em que repousa nosso laborioso conforto. Está indissociavelmente vinculada à divisão do trabalho, à concentração econômica, ao papel do dinheiro nas nossas sociedades, enfim, ao fato principal de que damos às empresas, mediante pagamento, o direito de cuidar da nossa vida por nós. Portanto, não podemos nos limitar a quebrar a vitrine publicitária, porque, por trás dela, o que está em questão é o poder ideológico e prático que as grandes empresas exercem sobre o nosso cotidiano. E não devemos esperar nada delas, como destaca Stuart Ewen, quando aproveitam as críticas para se dar uma imagem de "empresa responsável", inserindo um mínimo de ética nas etiquetas ou pintando de verde as paredes das fábricas:

> A cultura de massa nos interpela na língua da nossa própria crítica, ao mesmo tempo que a nega, já que propõe soluções de grande empresa para os problemas da grande empresa. Enquanto não depararmos com a infiltração do sistema mercantil nos mínimos interstícios da existência, a mudança social em si será um produto da propaganda das marcas. Assistimos ao início de uma política da vida cotidiana. Essa política logo se tornou objeto de escárnio por parte daquilo a que se opunha. [...] Devemos permanecer vigilantes e rejeitar qualquer modo de progresso proposto pelas firmas.[1]

Depois de tomarmos consciência do caráter devastador do sistema industrial, como podemos não ser cúmplices da sua expansão? Hoje, é impossível não aceitar esse compromisso, se considerarmos as obrigações vinculadas ao nosso modo de vida. Mas a necessidade de fazer tudo o que for possível para retomar o controle é urgente. Precisamos sair

---

1. Stuart Ewen, *Consciences sous influence*, Paris, Aubier Montaigne, 1983, p. 213.

da nossa dependência cotidiana em relação a uma megamáquina estatal-industrial que nos assiste em todos os nossos atos. E *aprender a viver de forma diferente*: trabalhar e consumir de maneira diferente, ao mesmo tempo menos e melhor; preferir, enquanto ainda for possível, a feira ao supermercado, os artesãos aos industriais, os independentes às redes e às grandes empresas, os brechós e os mercados de pulgas aos assépticos *shopping centers,* os bens produzidos por nós mesmos ou por amigos àqueles que o mercado mundial nos "oferece". Não é irônico nos escandalizarmos com a publicidade e os abusos do sistema industrial que a utiliza e continuarmos a favorecer sua expansão com as nossas "escolhas" de consumo?

Para entender o fenômeno publicitário e opor-se a ele, é necessário ver além da ditadura do lucro e do produtivismo. Ou melhor, é preciso se esforçar para entender *todas* as suas manifestações concretas, tudo o que a venalidade generalizada e a lógica da rentabilização envolvem em relação ao meio em que vivemos e à existência que levamos. Uma crítica séria da publicidade não pode se abster de uma crítica da mídia de massa e da imprensa contemporânea, que pouco a pouco se tornou uma gigantesca página publicitária para a vida cibernética. Também deve levar a uma crítica do urbanismo e da organização moderna do espaço, com suas redes de transportes tão propícias ao assédio publicitário. E ela não nos leva a questionar o valor de algumas infraestruturas que o *mainstream* do obscurantismo supostamente "progressista" não cansa de promover?

Temos muitas coisas em mente, e principalmente para não hesitarmos em questionar um consenso cego e universal (sobretudo entre os franceses), os aeroportos, as rodovias, as linhas de trem-bala, as antenas de telefonia móvel e, é claro, os projetos internacionais para construir na França novas centrais nucleares, mais baratas ou experimentais (projetos EPR e Iter). Não seria o caso de refletirmos, em cada caso e de maneira precisa, sobre os "benefícios" que essas infraestruturas nos trazem em comparação com aquelas que elas substituem, e em comparação com as alternativas cujo desenvolvimento elas impedem? Ou de nos perguntarmos se esses benefícios não são só para uma minoria? De contrabalançarmos esses benefícios com o que essas infraestruturas custam para a coletividade em termos de orçamento, inconvenientes, recursos e, sobretudo, os riscos que comportam? Porque seu efeito consiste em favorecer *ainda mais* o enraizamento do desenvolvimento industrial e da lógica de concorrência, enquanto nos parece mais urgente freá-lo e mudar de direção para evitar o desastre ecológico e humano que aparece no horizonte.

Esse questionamento não deve ser feito apenas em nome dos inconvenientes sofridos localmente pelos moradores, mas na perspectiva de uma crítica global do *sistema universalmente nocivo* que exige essas infraestruturas (e os inconvenientes que elas produzem!) para se desenvolver. Se em geral os movimentos de moradores fracassam, é porque continuam presos a reivindicações privadas, que, de cara, os desacreditam. Mas se entendemos que eles não queiram, com toda a razão, esses horrores ao lado de suas residências, por que outras pessoas os desejariam?

Desse ponto de vista, a luta contra a publicidade – e as formas que adquiriu nos atos do outono de 2003 – é interessante por vários aspectos. Ela saiu da lógica das reivindicações corporativistas apresentadas pela maioria dos sindicatos. Afastou-se, pelo menos no discurso dos seus principais iniciadores, das contradições clássicas da crítica da publicidade, que se melindra pudicamente com os procedimentos mais escandalosos da "persuasão clandestina" e repete docilmente o discurso das elites industriais: "O crescimento não é o problema, mas a solução." Se realmente acreditamos que o crescimento é um objetivo desejável, então devemos empregar todos os recursos necessários para que isso ocorra – mas a triste publicidade utilitarista e informativa não faz parte desse processo. Em vez de admitir a pilhagem do mundo pelo hiperconsumo, é melhor disfarçá-la com maravilhosos anúncios publicitários, tão sensacionalistas quanto mistificadores...

Também não devemos hesitar em denunciar as outras ilusões que alimentam as críticas ingênuas contra a publicidade. No estado atual das relações de força, não há motivo algum para que a publicidade recue ou mesmo pare de avançar. Por exemplo, não há motivo para que, a médio ou longo prazo, as crianças das escolas francesas escapem do tratamento publicitário de choque que seus colegas americanos já recebem. A reforma da educação nacional reúne ativamente todas as condições para que as escolas francesas necessitem cada vez mais do dinheiro das grandes entidades privadas e sejam progressivamente colocadas sob uma perspectiva comercial. Algumas iniciativas talvez permitam que, pelo menos a alguns estabelecimentos, adiem esse momento. Mas elas não podem mudar o cerne da questão. E elegendo um bode expiatório tão cômodo quanto a publicidade, contribuem para disfarçar a função a que a educação nacional tende a se restringir, com a bênção dos pais preocupados com o "futuro" dos filhos: prepará-los para se tornarem empregados "competitivos" e consumidores "racionais".

A questão da publicidade é uma ilustração cruel da dificuldade que existe hoje para melhorar determinado aspecto da vida social, sem comprometer, de certa forma, todos os outros aspectos. Porque a publicidade vai tão bem com a vida que levamos! Evidentemente, o recuo da publicidade só resultará de um recuo da produção mercantil e do surgimento de novas relações sociais (quando for mais comum alguém ajudar os vizinhos do que ganhar dinheiro com a instalação de um novo outdoor no seu terreno). Esse recuo acontecerá apenas se as relações de força e a organização da vida mudarem profundamente. Para chegar lá, podemos ter certeza de que não adiantará recorrer ao Estado para limitar o bombardeio e defender cidadãos impotentes, que ele contribuiu amplamente para privar de qualquer poder sobre sua vida. Como levanta questões cruciais, a publicidade não pode ser contestada de modo isolado. E, por isso mesmo, é um ponto de partida interessante para uma crítica consequente do capitalismo.

Um dos méritos dos atos de desobediência civil dirigidos contra os cartazes no metrô e nas ruas das cidades no fim de 2003 foi o fato de não terem sido organizados com o intuito de obter satisfação de reivindicações precisas. Foi nesse sentido que puderam aparecer como uma contestação pertinente da ordem estabelecida. Alguns slogans denunciavam explicitamente o crescimento e o culto das mercadorias (e não a maneira como os publicitários os elogiam). Outro mérito foi romper, por alguns dias, a ordem pública que *pesa* nos transportes públicos. É provável que esse tipo de espaço nunca se preste a uma verdadeira reapropriação, mas, no atual estado das coisas, trazer para dentro desse espaço um pouco de vida, improviso e comunicação entre as pessoas (mesmo que na forma de altercação) não faz mal nenhum. A propaganda publicitária deixa os indivíduos atordoados e isolados, mesmo em sua indignação. Tudo o que permite sair da desolação, entender que não somos os únicos a sentir o que sentimos, pode contribuir para diminuir a passividade generalizada.

Mas, sobretudo, ao reatar com a velha tradição da legítima defesa contra a agressão capitalista, esses atos obedeceram a uma lógica de sabotagem, dano material e financeiro que tem certo interesse. Em algumas semanas, as empresas de outdoors perderam milhões de euros. Não foi por acaso então que as autoridades, de início surpreendidas pelo sucesso do apelo à revolta subterrânea, utilizaram todos os meios necessários para dominá-la. No contexto contemporâneo, aqueles que realmente desejam lutar contra o sistema de dominação em que vivemos dificilmente escaparão dessa lógica. As greves da primavera de 2003 na França mostraram que é insuficiente expressar descontentamento de maneira ordenada e previsível. O mesmo pode ser dito em relação aos grandes movimentos de oposição na Espanha e na Itália contra a guerra no Iraque, que não impediram os governos desses países de apoiar a expedição de Bush filho.

A extensão das greves e das manifestações e o estado da opinião pública não parecem mais ter impacto. Se não conseguirmos nos constituir em capacidade coletiva de entrave ao funcionamento da economia, fazer o poder sofrer prejuízos financeiros, é inútil fazermos greve durante dois meses como os professores ou desfilarmos todos os dias, gritando: "Não à guerra!". (Pelo contrário, no caso dos professores, o dinheiro que eles perderam reduziu o déficit do Estado!) Aliás, não foi por acaso que esses movimentos não recorreram aos meios apropriados para levar sua causa adiante, nem que fosse para fazer os governos de seus países recuarem pontualmente: é também em função de seus objetivos e ideais que um movimento define seus meios de ação. E a *insuficiência dos meios tem diretamente a ver com a dos fins*, como mostrou o movimento de oposição radical à engenharia genética, que destruiu transgênicos experimentais.

Nesse contexto histórico, em que a sabotagem parece recuperar a fama, os atos contra a publicidade reataram com a crítica do espetáculo. Iconoclastas e profanadores, eles atacaram – em geral inconscientemente, mas às vezes de maneira até bastante refletida – o coração do capitalismo, ou seja, o fetichismo da mercadoria. O capitalismo não se contenta em explorar externamente os homens, com o apoio do Estado e de suas legiões armadas. Ele também é uma religião, e seu principal apoio, hoje, é *cada um de nós*, perdidos na massa dos fiéis-consumidores fascinados pelos milagres da indústria *high-tech*.

Em 1921, Walter Benjamin já havia entendido que o capitalismo é "a celebração de um culto sem sonho e sem misericórdia"[2]. Esse culto é o do dinheiro e da sua encarnação na forma de mercadorias. É "sem misericórdia", impiedoso e permanente. É "sem sonho", sem utopia e sem esperança. Não promete uma superação para algo diferente, mas apenas a sua própria intensificação. Organiza um mundo fechado no "aqui e agora" mercantil, um mundo espalhado num presente sem memória. Como diz Herbert Marcuse, nosso mundo é *unidimensional*, pois é desprovido de qualquer ideal que o transcenda e permita nos isolar para julgá-lo e criticá-lo. O homem unidimensional que corresponde a ele só se projeta em novas despesas. Não sabe se rebelar. Sem sonho, não há revolta[3].

Os grandes sacerdotes desse culto sem tempo morto são obviamente os publicitários. São Cathelat considera que suas obras careteiras são os vitrais dessas "modernas catedrais" que são os supermercados. São Séguéla, profeta exaltado da publicidade "divina", "missionária" e "imortal", garante que ela é a "eucaristia dessa grande missa pagã do consumo". A prova da "essência divina" do sistema publicitário é que ele fez "o mundo à sua imagem". Ele "hipnotiza

---

2. Walter Benjamin, *Gesammelte Schriften*, Frankfurt am Main, Suhrkamp Verlag, 1982, v. 6, p. 100.
3. Herbert Marcuse, *L'Homme unidimensionnel*, Paris, Minuit, 1968.

nossa infância, manobra nossa juventude, embrutece nossa maturidade"[4]. Nenhum sacrifício é bom demais para esse ídolo voraz e impiedoso.

Evangelizadores das massas, os pastores de supermercado guiam seu rebanho em direção aos caixas. Esses padres modernos santificam o capitalismo superdesenvolvido. Diante da miséria humana que ele propaga, prometem aquilo que só pode aumentar: o consolo através do consumo, fundamento desse miserável sucedâneo de religião que é o consumismo, o novo ópio do povo. Levemente euforizante e poderoso narcótico, o consumismo traz satisfações ilusórias e alimenta a resignação efetiva. Os publicitários são mercadores de areia, que só trabalham pelo crescimento do deserto.

Nos séculos XVIII e XIX, os pensadores esclarecidos acreditavam que a crítica da religião era pré-requisito para qualquer crítica. Num panfleto situacionista de 1966, intitulado *De la misère en milieu étudiant* [Sobre a miséria no meio estudantil], Mustapha Khayati explica a nova configuração histórica em que nos encontramos mais do que nunca. "Na época de sua dominação totalitária, o capitalismo produziu sua nova religião: o espetáculo."[5] O sistema publicitário

---

4. Bernard Cathelat, *Publicité et société*, 5. ed., Paris, Payot, 2001, p. 32; Jacques Séguéla, *Hollywood lave plus blanc*, Paris, Flammarion, 1982, p. 223-236.
5. Disponível em *Enragés et situationnistes dans le mouvement des occupations*, Paris, Gallimard, 1998, p. 241.

é apenas o vetor mais evidente dessa contemplação atônita provocada pela vida autônoma de uma economia mortal para qualquer vida decente. Sua crítica é condição prévia para qualquer crítica social. É um *pré-requisito*, porque é necessário ter nos libertado desse contexto de cegueira para poder abrir os olhos para o mundo imundo gerado pelo crescimento mercantil. *Mas isso é apenas um pré-requisito*, já que, uma vez desencantados, ainda temos um mundo humano para reconstruir, nos interstícios e sobre as ruínas da devastação.

A infâmia mudou de cara, mas a palavra de ordem de Voltaire continua atual:

ESMAGUEM A INFÂMIA

Posfácio
à edição de 2010

Em 2004, ao apresentar este livro, destacamos com uma citação que a questão publicitária não havia evoluído desde os anos 1960. Seis anos depois, aproveitando a reedição como livro de bolso, ficamos tentados a partir da mesma constatação.

Alguns sem dúvida dirão que, aqui e ali, a crítica da publicidade levou a medidas espetaculares – mas não estavam imunes a sérias ambiguidades. Assim, em 2007, São Paulo proibiu publicidade em muros, paredes externas e telhados. Mas podemos imaginar que essa operação-limpeza tenha mais do que uma finalidade cosmética, num momento em que o capitalismo brasileiro, cujo coração pulsante é essa megalópole, cobre o país com transgênicos e incita a nação inteira ao consumismo? Em outra parte do mundo, um presidente fanático por comunicação anunciou em 2008 a eliminação da publicidade em todos os canais públicos de televisão. Mas, na verdade, o que ele queria era "surfar" na animosidade do público para se promover e dar uma mão aos seus cúmplices, que dirigiam as grandes mídias privadas (a diminuição do mercado publicitário na televisão elevaria o preço dos espaços publicitários restantes). Em ambos os casos, como vemos, trata-se de reformas de fachada e aparências enganosas.

Não nos surpreende que o sistema publicitário tenha mudado pouco em seis anos. E não poderia ser diferente, já que as bases sobre as quais ele prospera continuam tão sólidas quanto antes: o imperativo econômico de crescimento do qual depende a "saúde" – doentia, na verdade – tanto das empresas privadas quanto do capitalismo em geral; a necessidade social de distinção, tão urgente num mundo em que os indivíduos e os bens são cada vez mais padronizados; e o imperativo publicitário de aumento da oferta, mais categórico à medida que os "alvos" são cada vez mais assediados (cf. os capítulos 2, 3 e 4 deste livro).

É por esse motivo que não apagamos nenhuma linha do texto original. Neste momento em que trabalhamos num ensaio sobre o mapeamento da sociedade por sistemas de identificação eletrônica (biometria, *chips* RFID, fichamento comercial e policial)[1], parece pertinente completar o texto inicial de duas maneiras.

---

1. Lançado na França em 2010 pela editora La Lenteur com o título *La liberté dans le coma*.

Em primeiro lugar, acrescentando como adendos dois textos que escrevemos logo depois deste livro. Eles dão mais detalhes sobre o que dissemos sobre os atos de sabotagem no outono de 2003 e o papel da publicidade no desenvolvimento do "subúrbio total", nem cidade nem campo, em que somos obrigados a viver.

E, em segundo lugar, propondo em posfácio algumas reflexões sobre os últimos avanços das nossas sociedades, a partir da perspectiva dos dispositivos de neutralização da crítica. É comum hoje associar a crítica radical a um intelectualismo desdenhoso ou a um idealismo inoperante, o que frustra qualquer pretensão a aprofundar os problemas que se impõem a nós. Ao mesmo tempo, a catástrofe ecológica foi recuperada pelo capital e pelo Estado. Hoje, ela serve para que se aceite tudo, até o desenvolvimento das nanotecnologias. Esse exemplo servirá para demonstrarmos que a "democracia participativa" é um dispositivo de despolitização que podemos e devemos subverter.

Voltemos, primeiramente, a uma crítica que nos fazem algumas vezes e que boa parte da esquerda, comportada ou turbulenta, geralmente opõe a qualquer crítica um pouco mais radical: nossa crítica está "desconectada da sociedade", pois as ideias que a sustentam estão totalmente *fora* da realidade social atual – do que acontece e também do que pensa a nossa sociedade. No campo filosófico, essa abordagem é ilegítima: aplicar às sociedades considerações estranhas a ela seria tão injusto e tirânico quanto o gesto dos colonos que julgam por seus próprios preconceitos. No campo tático, ela seria "inoperante", já que é impossível "se apresentar como um bloco compacto" quando a base dos valores comuns é abandonada. No campo político, ela é perigosa, porque, por trás de uma crítica tão total, existe necessariamente uma ponta de totalitarismo: o projeto de reforma total da realidade para que fique de acordo com essas ideias abstratas. E, no campo "psicossocial", por fim, ela revela apenas uma busca de distinção: ao impor exigências tão grandes, a crítica procura apenas se diferenciar do comum dos mortais, ou até se apresentar como a "dona da verdade".

Por trás dessa argumentação bastante difundida nos tempos atuais, existe a ideia de que a crítica, para ser pertinente, deve proceder de maneira "interna" ou "imanente". De acordo com o primeiro modelo, a crítica deve se referir a valores que não choquem o senso comum da sociedade em questão e devem até emanar dela – do contrário, o crítico se coloca acima dos outros, em posição de poder dizer não só o que está errado, mas também o que deve ser valorizado e, portanto, amado... Em resumo, ele deve apenas mostrar que a sociedade não está conforme com os ideais que proclama, sem nunca ultrapassar o limite do que é socialmente aceito.

Hoje, a crítica deve se limitar a lembrar os "direitos humanos" às nossas sociedades, sem jamais questionar essa tabela de valores que caucionou a dominação social burguesa e, em seguida, a dominação colonial ocidental.

O segundo modelo é frequentemente associado ao nome de Marx, que dizia que era melhor dispensar as referências axiológicas, porque as ideias morais condenam a crítica ao idealismo da "bela alma chocada pelo curso do mundo". Trata-se, ao contrário, de identificar as contradições objetivas que perturbam a sociedade de dentro, assim como a direção a que levam, e se identificar com esse movimento imanente do real para facilitá-lo e seguir "o rumo da história". Por exemplo, o capitalismo é permeado de uma contradição interna que supostamente estabelece as bases do comunismo: a corrida tecnológica imposta às empresas pela exigência de competitividade tem como efeito aumentar o trabalho morto (o das máquinas) em prejuízo do trabalho vivo (o dos operários), o que leva a uma queda do nível de lucro e à socialização da produção. Portanto, não é por motivos éticos (humanismo ou filantropia) que devemos tomar o partido dos operários, mas porque a história lhes dará razão.

Não pretendemos desmontar essa argumentação, que, no fundo, é o mesmo que taxar a crítica radical de intelectualismo desdenhoso das pessoas comuns ou idealismo contrário ao rumo da história. Nem demonstrar que esse dispositivo ideológico neutraliza qualquer oposição coerente, já que sugere que é a sua "aceitação social", ou até sua capacidade de seguir "com a corrente", que dá valor à crítica... Porque, de todo modo, seria falso apresentarmos a nossa crítica da publicidade, e da vida que a acompanha, como "externa" ou "transcendente" a elas. Tomamos o cuidado de nos fundamentar naquilo que os publicitários dizem a respeito da sua atividade, e o que seus cartazes, anúncios e slogans ensinam sobre a vida na nossa época.

Para escrever este livro, nós mergulhamos no jargão dos publicitários, porque tínhamos convicção de que tudo o que queríamos denunciar seria afirmado por ele de maneira mais ou menos explícita. Foi um trabalho difícil. Mas, *in fine*, não há quase nada no que dissemos sobre a publicidade que não tenha sido dito pelos próprios publicitários, seja na forma de um mea-culpa leniente em suas próprias revistas (um deles lamentou que seus colegas tratem as pessoas como imbecis), seja na forma de discursos técnicos para uso interno (como os manuais para estudantes, muito explícitos, apesar das frases pretensiosas), seja na forma de reivindicações cínicas nas obras de divulgação das estrelas da profissão (como Bernard Cathelat ou Jacques Séguéla, que dizem em alto e bom som o que as críticas consensuais mal conseguem conceber). Todas as citações do livro corroboram isso.

Mas se a nossa crítica efetivamente radical não nos parece desconectada da realidade, é sobretudo porque ela não revela mais sobre nosso mundo do que a própria publicidade, que, como sabemos, está em harmonia com a sociedade – é condição *sine qua non* da sua eficácia. Boa parte do trabalho publicitário (estudos de mercado, pesquisas, estudos comparativos, acompanhamento da opinião pública ou da arte contemporânea, vista como um bom indicador das tendências emergentes) consiste em perscrutar a sociedade para identificar as últimas modas, as ideias e as práticas da hora e colocá-las a serviço do consumo.

Mais precisamente, trata-se de captar desejos incipientes e lhes dar um destino comercial. Ora, como o desejo é o outro lado da falta de alguma coisa e, como qualquer aspiração, se baseia numa frustração, recuperar os desejos pressupõe que se tenha uma visão muito nítida dos motivos por que as pessoas se sentem insatisfeitas e angustiadas. É por isso que os publicitários são mais eloquentes sobre o que não vai bem na nossa sociedade do que muitos discursos que se dizem críticos, mas que no fim se mostram bastante conformistas. Podemos citar as campanhas que interpelam as pessoas na própria linguagem do seu sofrimento ("Você está estressado, esgotado?", "Você se sente sozinho, ameaçado?" etc.) para vender consolos e compensações ilusórios. Ou aquelas que apostam no "desejo de evasão, autenticidade e harmonia com a natureza" e, indiretamente, de certo modo por uma antífrase, revelam o caráter prisional, artificial e repulsivo do mundo em que vivemos.

Apesar de ser fundamentalmente mentirosa, a publicidade é um espelho muito mais fiel do mal-estar atual do que as críticas bem pensantes, que renunciaram à radicalidade da verdade em prol do preceito publicitário que diz que, para convencer, não podemos nos afastar dos preconceitos dominantes. Em todo caso, tudo o que dizemos sobre a feiura, a solidão e a violência que reinam no mundo industrial, os publicitários colocam em imagens. Porque eles sabem que as pessoas são perseguidas pelo desejo e pela nostalgia de uma outra vida. *E que é jogando com isso que conseguem vender sua mercadoria.* É por isso que se interessam tanto pelos discursos críticos, principalmente por aqueles que os conformistas consideram "desconectados da realidade": eles veem neles o sinal de uma exasperação que vem surgindo na sociedade e que deverá ser desarmada e recuperada.

Será por isso também que tantos ex-esquerdistas fizeram sucesso na publicidade: porque é necessário ter uma visão ampla das patologias sociais que atacam as pessoas, mas não sair do molde progressista que dá forma às nossas ideias? Ou será que esse sucesso vem do fato de que, para muitos esquerdistas dos anos 1970, essa profissão, estreitamente ligada à arte contemporânea e às ciências humanas, era mais "excitante" ou "interessante" do que uma carreira de funcionário público ou engenheiro? Mas passemos à questão do papel da publicidade naquilo que se apresenta como a outra grande evolução dos últimos anos: a neutralização e a recuperação da crítica ecologista.

Ainda que tudo o que dissemos sobre o sistema publicitário em 2004 seja válido ainda hoje, a sociedade evoluiu nesse meio-tempo – ou, mais precisamente, a opinião pública (a sociedade como discurso ambiente e dominante, como "ideologia") –, e essa evolução obrigou os publicitários a renovarem seu discurso, a ampliarem seu campo de ação. O desafio era grande. Era preciso pôr a serviço do consumismo o que parecia contradizê-lo diretamente: o discurso catastrofista que se desenvolveu nos últimos anos com base no desastre ecológico.

A mais importante das mudanças atuais, e talvez mais crucial do que a crise econômica em que estamos metidos desde 2008, é certamente a domesticação da crítica ecológica ao capitalismo, que no livro anterior tentamos fazer convergir na sua crítica social e cultural. Numa sociedade que sofre de amnésia crônica, era necessário lembrar que o desastre causado pelo desenvolvimento industrial era amplamente negado pelos políticos e rechaçado pela mídia. Foi por isso que o subtítulo do livro acabou provocando um choque e parecendo grosseiramente provocador: na época, as pessoas julgaram que éramos exagerados e muito "alarmistas".

Desde então, a situação sofreu uma profunda reviravolta: a devastação do mundo não é mais dissimulada, mas reforça a realidade, mesmo que televisiva, e gera lucros para quem aproveita esse filão como tema de documentários ou filmes de ficção. Em menos de uma década, as ideias que eram varridas para debaixo do tapete se tornaram manchete de jornal. Elas, que antes pareciam contos fantásticos de extremistas pessimistas, hoje fazem parte da bagagem básica do cidadão médio, que agora dispõe de dados precisos para se indignar com o fato de que ninguém tenha feito nada. Em resumo, a catástrofe se tornou "o nosso futuro oficial"[2]. Desse ponto de vista, o que era visto no nosso livro como

---

2. A esse respeito, cf. René Riesel e Jaime Semprun, *Catastrophisme, administration du désastre et soumission durable*, Paris, Éditions de l'Encyclopédie des Nuisances, 2008, analisam o outro lado dessa nova situação: embora esteja no centro do discurso contemporâneo, a catástrofe não funciona mais como um motivo de oposição. Tornou-se um modo de governar: um meio de legitimar *cientificamente*, em nome das implacáveis limitações impostas pelo desastre, a implantação de novas formas de controle. Todos os discursos catastrofistas atuais, sejam midiatizados ou não, convergem na mesma mensagem: para enfrentar os futuros "desafios", teremos de aceitar as novas regras ecológicas e nos submeter às prescrições, restrições e interdições decididas pelos especialistas. Fortalecer e reinventar a "governança mundial". Confiar de corpo e alma na tecnociência, se quisermos ter alguma chance de sobreviver nessas *condições extremas* que já caracterizam o nosso *cotidiano*. Na verdade, a catástrofe ecológica favorece esta outra catástrofe, mais fundamental: a renúncia dos indivíduos a qualquer forma de autonomia em favor de instituições isoladas, que acabam gerenciando sua vida.

pura provocação não deveria mais chocar – na velocidade com que mudam as coisas, nossa crítica talvez acabe parecendo banal.

Mas é claro que essa palinódia não alterou o problema que evidenciamos em 2004. Porque o que evoluiu foi a opinião pública, e não a organização econômica da nossa sociedade, que hoje, assim como ontem, se baseia numa fuga para a frente: é necessário produzir cada vez mais, acelerar a obsolescência dos produtos, mercantilizar novos aspectos da vida, infinitamente. Mas, agora, a "tomada de consciência ecológica" não pode atravancar o bom funcionamento dessa economia insana. Já que não se pode mais dizer, como G. W. Bush: "Nosso modo de vida não é negociável", foi preciso mudar a opinião pública e convencê-la de que essas negociações, que se prometiam dolorosas, não precisavam acontecer. Porque fomos convencidos de que podemos continuar no mesmo rumo, desde que cada um faça "ecogestos" no seu dia a dia (evitar vazamentos, separar o lixo, compensar as emissões de gases poluentes etc.) e a indústria adote tecnologias "verdes". Assim, a catástrofe causada pelo crescimento foi colocada a serviço de um novo crescimento, dessa vez "verde", e a crítica ecologista foi desarmada.

Para conciliar as exigências de crescimento infinito do capitalismo com o imperativo de salvação do planeta, foi necessário fazer um trabalho importante com a opinião pública. Os publicitários, peritos em recuperação, tiveram seu papel nisso, aderindo ao "verde": eles, que até então haviam feito reinar a lei do silêncio sobre a questão ecológica, hoje não perdem uma ocasião de lembrar aos "*consum-actors*" que o futuro de todos está nas mãos deles. Mas só isso não era suficiente. Todo mundo teve de se envolver no que parece ser um gigantesco dispositivo de propaganda: ao lado de ecologistas, militantes do espetáculo (políticos, jornalistas, artistas) e do mundo da educação (em especial os professores que difundem zelosamente as "ecoinépcias" que invadiram os livros escolares) e cientistas, que encontram todos os dias novas soluções *high-tech* para enfrentar os "desafios" do futuro.

Foi assim que os políticos se converteram à ecologia, e em primeiro lugar Nicolas Sarkozy, que se apresentou durante algum tempo como um verdadeiro defensor da natureza, "disposto a tudo" para não deixar a conferência sobre o clima fracassar... A intenção era desarmar a crítica, como sugere o próprio nome que ele deu ao lançamento da sua campanha de comunicação verde: o "Grenelle do meio ambiente": historicamente, os acordos de Grenelle enterraram a maior greve geral da França, a de maio de 1968... As empresas também se converteram à ecologia, sobretudo as mais poluentes, como as indústrias automobilística e nuclear, que procuram se associar sistematicamente na mente das pessoas, por meio da repetição contínua, ao "respeito pelo meio ambiente". Todos os setores tentam tranquilizar e desresponsabilizar o consumidor, sugerindo que as instituições tomaram as rédeas da situação e que ele deve confiar nelas e seguir as instruções.

Se o casamento do capitalismo com a ecologia se consumou tão rápido, é porque o antagonismo não era muito grande. Por um lado, o cientificismo latente e a postura gerencial que caracterizam a crítica ecológica a predispunham à reciclagem no jogo do poder. Desse ponto de vista, erra quem acredita que foi somente por ingenuidade que a maioria dos ecologistas aderiu ao Grenelle do meio ambiente; na verdade, muitos esperavam ansiosamente ser chamados para participar da gestão do desastre.

Por outro lado, as elites industriais perceberam que a deterioração das condições de vida era esse *poço sem fundo de novas necessidades*, graças ao qual o capitalismo poderia garantir seu processo de crescimento infinito. Em outras palavras, a catástrofe ecológica poderia ser uma formidável alavanca de crescimento – porque nos obriga a reconstruir tudo de novo, a substituir todos os bens naturais por sucedâneos mercantis – e depois substituir, como manda a HQE[3], os velhos sucedâneos hoje consi-

---

3. Haute Qualité Environnementale (Alta Qualidade Ambiental) é um conceito que data do começo dos anos 1990 e visa limitar o impacto ambiental da construção e da renovação de prédios. (N. T.)

derados nocivos por outros mais modernos e supostamente "mais ecológicos". Além do mais, ela apresenta outra vantagem: *pode ser invocada para fazer qualquer coisa ser aceita*, tanto as inovações tecnológicas quanto os retrocessos políticos. Porque, hoje, é em nome da catástrofe que se extorquem adesão e obediência. Em todo caso, esse é um atrativo para nos fazer engolir as nanotecnologias, última ofensiva do complexo tecnomercantil para estender seu controle mortífero à mais ínfima parcela de vida e matéria.

Sem entrar na questão dos desafios econômicos e políticos ligados à nanotecnologia, nem nos motivos para se opor ao seu desenvolvimento[4], esse exemplo mostra bem que a "democracia participativa" funciona como um novo dispositivo de neutralização da contestação – um dispositivo que podemos e devemos criticar por *atos e palavras*.

Os defensores das nanotecnologias nunca pouparam esforços para que seu projeto de manipulação da matéria em escala atômica fosse aceito, garantindo assim (entre outras coisas) a convergência entre as biotecnologias, as tecnologias da informação e da comunicação e as ciên-

---

4. Essas análises já foram feitas pelo grupo Pièces et Main-d'Oeuvre (PMO). Cf. *Nanotechnologies, maxiservitude,* Paris, L'Esprit Frappeur, 2006, e *Aujourd'hui le nanomonde. Nanotechnologies, un projet de société totalitaire*, Paris, L'Échappée, 2008.

cias cognitivas – e sua grande esperança era construir o homem-máquina, o *ciborgue*, a fusão entre o ser vivo, a robótica e a informática[5]. Mas, numa época em que ninguém falava do que parecia ser apenas uma fantasia de inventores malucos, eles temiam ter de enfrentar uma hostilidade semelhante àquela que a indústria das quimeras genéticas patenteáveis (transgênicos) teve de administrar no momento em que se tornava rentável.

Assim, eles tomaram a dianteira para garantir que aquilo que eles apresentam como uma "revolução que vai mudar o nosso cotidiano" não fosse contestado justamente por aqueles cuja vida será transtornada. Paralelamente ao complexo nanotecnológico francês, novas empreitadas inovadoras colocaram jovens sociólogos, filósofos, psicólogos e outros ao lado dos grandes profissionais da publicidade e da comunicação para trabalhar na "aceitabilidade das novas tecnologias" em geral e prever, para cada inovação capaz de despertar rejeição, estratégias de promoção particularmente insidiosas. Não se trata mais de elaborar "argumentos de venda", mas de refletir, antes da industrialização de uma tecnologia, sobre como fazer para que ela seja aceita e, em

---

5. É o que os "transumanistas" (que querem "melhorar" a humanidade por meio da tecnologia) esperam das NBIC (sigla que designa a convergência entre as nanotecnologias, as biotecnologias, as tecnologias da informação e da comunicação e as ciências cognitivas).

especial, sobre as aplicações suscetíveis de induzir à aceitação do próprio princípio⁶.

Num contexto de catástrofe ecológica latente, em que doenças vinculadas à civilização industrial devem proliferar, não é difícil entender que é justamente nos fazendo desejar avanços fantásticos na medicina e resultados incríveis na ecologia que seremos levados a aceitar o nanomundo. E quem ficaria insensível diante dessa propaganda, quando se sabe que uma em cada três pessoas terá câncer e o sistema não interromperá sua corrida desenfreada, situação que aparentemente não deixa outra alternativa "sensata" senão confiar nos cientistas e em suas soluções tecnológicas?

Apesar da força da convicção, era necessário mais do que a *chantagem da sobrevivência em condições extremas* para assegurar o futuro da dinheirama investida no desenvolvimento das nanotecnologias: ela precisava de legitimidade democrática sólida, o que a democracia representativa,

---

6. Cf. as recomendações que o Gixel, *lobby* da eletrônica, escreveu em 2004 em seu "livro azul", em intenção do governo francês: para fazer uma população que preza sua liberdade aceitar as tecnologias de controle biométrico, será necessário empreender um "esforço de convivência" e desenvolver "funções atraentes: educação desde a escola maternal, as crianças usam essa tecnologia para entrar e sair da escola, almoçar no refeitório [...]. Introdução em bens de consumo, conforto ou lazer: celular, computador, carro, domótica [automação residencial], *videogames*". Em resumo, ele sugere encontrar aplicações aparentemente inofensivas para fazer a população engolir o controle biométrico.

amplamente desacreditada, não podia mais garantir. Era necessária a adesão da "democracia participativa", que hoje é vista como o *nec plus ultra* da democracia; só ela seria capaz de realizar o que antes chamávamos de "democracia direta", embora seja apenas o fantasma dela, uma encenação com alta vigilância estatal.

Os "senhores dos nanos" decidiram então promover um "grande debate sobre as nanotecnologias". A Comissão Nacional do Debate Público (CNDP) constituiu, sob a direção de sumidades da tecnociência e da indústria pesada, uma "comissão independente", que terceirizou o mercado em questão a uma agência de comunicação cuja estratégia de neutralização da contestação se resume ao seguinte: "Participar é aceitar." Como a democracia é baseada, pelo que se sabe, no debate público contraditório, basta convidar para um debate os diferentes "atores" envolvidos, até e sobretudo os mais contrários, para dar a marca de "democracia participativa" ao que resultar desse encontro. Todos terão direito à palavra, todos serão ouvidos, mesmo que a decisão, é claro, não satisfaça a todos... Obviamente, a palhaçada se apoia no fato de que a decisão que deve ser discutida (entrar na "corrida das nanotecnologias") já foi tomada e nenhum "debate", por mais "participativo" que seja, poderá mudar essa decisão, considerando-se o capital investido e as perspectivas militares e comerciais envolvidas.

O *lobby* nanotecnológico, apesar do apoio do Estado e do recurso a todas as armas do sistema publicitário, perdeu algumas penas no processo. Desde o lançamento do grande debate público em setembro de 2009, as reuniões convocadas pela CNDP nas grandes cidades francesas foram perturbadas e depois anuladas por pessoas que se deslocaram para lembrar que a democracia não supõe apenas o debate público, mas condições de deliberação que permitam frustrar o domínio dos mais poderosos.

A oposição foi tamanha que a CNDP decidiu proteger da reação hostil do público os "especialistas" que supostamente dialogariam com ele, colocando-os numa sala separada. Ela planejava, seriamente, convidar aqueles que queriam participar de um debate público a assistir, em telas gigantes interpostas, a especialistas selecionados respondendo a perguntas escolhidas (já que o público devia fazê-las na véspera, por telefone ou e-mail...). Mas, com receio de uma última derrota, a CNDP acabou cancelando as últimas reuniões. É verdade que, para o apoteótico debate final, marcado para o dia 26 de fevereiro de 2010, em Paris, todos aqueles que haviam perturbado, em suas respectivas regiões, essa grotesca mascarada foram convidados para uma grande manifestação.

Em si, essa derrota não vai impedir que a indústria das nanotécnicas siga em frente e remodele o mundo e o nosso cotidiano, em função de seus próprios interesses. Mas nem por isso nos alegramos menos, ao lembrar que, com um pouco de espírito de algazarra e senso de organização coletiva, podemos lutar contra as manipulações com que a nossa suposta democracia procura o aval popular para decisões tomadas pelas elites.

Abril de 2010

Adendo 1
Publicidade e promoção (sub)urbana[1]

Em 2002, uma rede de supermercados lançou uma campanha publicitária com o tema: "Dans ville, il y a vie.[2] O anúncio é apresentado na forma de reportagem[3]; como sempre, a publicidade imita o jornal. No início, vemos um rebanho de ovelhas diante de uma cabana em ruínas dominada por um Buda, indicando o esoterismo *new age* de um pastor *hippie*. Ouvimos então uma voz explicando: "Quando chegamos, eu e minha mulher, não havia nada. O curral estava em ruínas. Nós mesmos o reconstruímos, Nicole e eu. Tivemos de aprender tudo." Nesse momento, o quadro se amplia, mostrando uma paisagem triste e sem cores.

---

1. Este texto foi publicado inicialmente na revista *Mouvements*, n. 39-40, maio-set. 2005.
2. Trocadilho com *ville* (cidade) e *vie* (vida). Literalmente: "Em cidade, há vida". (N. T.)
3. As imagens podem ser vistas, como análise detalhada, no número especial 2.002 da revista *Casseurs de Pub*.

O campo é mostrado como um deserto sem sinal de vida no horizonte, o que confirma ao mesmo tempo o discurso do neoagricultor (de fato, não há nada) e ridiculariza sua obstinação, já que, apesar de todos os esforços, ele vive isolado num nada cinzento, feito de pedra e mato.

Então o vemos: rosto austero e roupas sem graça, calvo em quase toda a cabeça e cabelos compridos nas extremidades. O diálogo apenas reforça o estereótipo: "Está meio frio", observa o jornalista, cujo paletó *high-tech* dá um pouco de cor ao ambiente desbotado. "É por causa do tempo", retruca o outro, que agora vemos que não passa de um "caipirão" – tempo gelado, como o personagem e a pacata região em que se estabeleceu. Porque se trata exatamente de um desses "intelectuais idealistas e *hippies*" que rejeitam a civilização capitalista e consumista e tentam "voltar para o campo": "Eu sou formado em informática e Nicole é bacharel em tcheco. A comunicação com as ovelhas não foi fácil." "E aí?". Enquanto o jornalista faz a pergunta, a câmera fornece a resposta, focalizando os pés do caipira: para o cúmulo do horror e do mau gosto, ele anda de sandália na lama e nos excrementos das ovelhas.

Para aqueles que ainda não entenderam que a situação do homem é mesmo uma m..., a resposta cai como um martelo sancionando seu desejo de autonomia: "Aí, minha mulher me deixou." E agora é ela que aparece na tela, sorridente e realizada, experimentando brincos e cantarolando. A partir daí, tudo é colorido e cheio de alegria de viver. Estamos no meio daquilo que o chato rejeitou: a sociedade de consumo, representada pela cidade e pelo supermercado. Acompanhamos a mulher entre as gôndolas, feliz e alegre, e, quando passa encantada pelo caixa, antes de sair extasiada do supermercado, com os braços carregados de compras. "Monoprix e Prisunic[4]. Dans ville, il y a vie."

Esse anúncio nos permite destrinchar o imaginário que a sociedade industrial precisa para se desenvolver, além de certas tendências bem reais, em termos de organização política do espaço e da vida, que acompanham esse desenvolvimento. Será nosso ponto de partida para uma reflexão sobre a promoção urbana, em todos os sentidos da palavra: a "valorização" do espaço por corretores imobiliários e urbanistas, a maneira como eles "anunciam" seu trabalho de destruição criativa[5] e, por fim, o fato de esse trabalho participar de um movimento que é descrito muitas vezes, sem nenhum distanciamento crítico, como o avanço da "cidade" em detrimento do "campo". Sem nenhum distanciamento crítico, visto que esses conceitos herdados do passado não

---

4. Nomes de redes de supermercados na França que adotam a política do "preço único". (N. T.)
5. Essa frase, com que J. Schumpeter (*Capitalisme, socialisme, démocratie*, Paris, Payot, 1990) define a dinâmica capitalista, aplica-se perfeitamente ao urbanismo, ação de destruição das cidades e do campo e construção de sucedâneos suburbanos.

correspondem mais à realidade. A representação dos polos cidade e campo não nos impede de captar a dinâmica fundamental que remodela o espaço em que vivemos, a suburbanização automotiva tanto dos campos quanto das cidades e o que vem com ela: a eliminação conjunta da vida rural e da vida urbana em prol de uma ampliação do que Bernard Charbonneau, já em 1969, chamava de "subúrbio total"[6]?

"O ar da cidade liberta"

Jerusalém celeste ou Babilônia sombria, encarnação da civilização ou antro de perdição, requinte dos costumes ou fonte de todos os vícios, a cidade sempre dividiu as opiniões. Repetindo o velho refrão, o anúncio do Monoprix entra nesse debate tão antigo quanto a cidade: "O ar da cidade liberta."[7] Ou melhor, a apologia da vida urbana que esse anúncio veicula funciona como um negativo da maneira como a crítica da cidade se renovou nos anos 1960, sob a influência da crítica da civilização industrial e da descoberta da espiritualidade oriental – crítica que, se tivesse recorrido às agências publici-

---

6. B. Charbonneau, *Le Jardin de Babylone*, Paris, Éditions de l'Encyclopédie des Nuisances, 2002.
7. Essa expressão, herdada da Idade Média, significava que o amo de um escravo ou de um servo perdia, depois de certo tempo passado na cidade, seu poder sobre este (cf. M. Weber, *La ville*, Paris, Aubier-Montaigne, 1982, p. 52). Para se emancipar, era necessário fugir para a cidade. O Monoprix retoma esse tema com nova inspiração: a "vida", inspiração também utilizada, como veremos, pelas propagandas que nos convidam a fugir da cidade.

tárias, talvez tivesse escolhido a seguinte palavra de ordem: "Dans ville, il y a vil."[8] A cidade foi criticada então pelo que ela efetivamente é, ou seja, o centro da divisão do trabalho e de seus corolários: a especialização, a degradação das competências pessoais, a multiplicação das necessidades, o consumo como compensação e consolo de um trabalho de empregado cada vez mais desconectado de qualquer necessidade vital ou sem sentido e a dependência material e monetária dos indivíduos em relação às potências econômicas e políticas. Foi então que se promoveu uma busca de autonomia em relação ao capital e ao Estado, de volta à vida rural e de reapropriação dos conhecimentos tradicionais.

Os contestatários acusavam a cidade de ser um lamaçal de concreto sem vida, onde perambulavam zumbis solitários e entorpecidos pelo trabalho e pela mídia. Os publicitários retrucavam: "Desolação é o campo." E, de fato, eles não estavam errados. O campo se tornou o deserto rural que eles apresentavam. Local de férias em todos os sentidos: como o "progresso" industrial tomou a vida do campo (vacuidade demográfica que ameaça isolar quem quer se estabelecer no campo sem participar de um projeto coletivo qualquer), ele se transformou em área de lazer (jogo e regeneração da força de trabalho) para os cidadãos

---

8. Trocadilho com *ville* (cidade) e *vil* (vil). Literalmente: "Em cidade, há vil". (N. T.)

em busca de ar puro, tendo se "museificado" em campo Potemkin[9] ou em verdadeiras "campanhas" publicitárias. Não se trata só de um trocadilho: o campo é obrigado a respeitar os clichês veiculados pelas campanhas publicitárias de cada região, que por sua vez se tornam uma grande propaganda. Na Provença, as plantações de lavanda são subvencionadas, desde que fiquem à beira da estrada; o poder público sugere aos agricultores que usem a roupa tradicional de pastor e apareçam nas feiras fantasiados desse jeito, levando animais[10]. Trata-se de políticas publicitárias que mudam a imagem da realidade não só no imaginário, mas também na própria realidade. Para atrair turistas e investidores, os peritos em fachadas fotogênicas mantêm a ilusão de uma vida tradicional que o desenvolvimento previsto leva à morte, já que a alta dos preços dos imóveis condena qualquer inclinação à vida rural naqueles que se recusam a fazer parte da sociedade industrial.

De certo ponto de vista, esse anúncio não adultera muito a realidade: o campo contemporâneo se tornou mesmo um deserto, e a cidade moderna é, como já disse Walter Benjamin, uma ode à glória do comércio e do consumo,

---

9. O príncipe Potemkin teria mandado construir magníficas aldeias de mentira para valorizar os resultados de sua administração diante de Catarina II da Rússia.
10. No Canadá, as madeireiras são obrigadas a deixar uma faixa de floresta de 20 metros de largura à beira das estradas e dos lagos.

um vasto catálogo publicitário[11]. Mas, como qualquer publicidade, esse anúncio tem um caráter ideológico, pelo julgamento de valor que apresenta e pela realidade que esconde. Ele insulta aqueles que, principalmente depois do Maio de 68, tentaram adequar sua vida às suas ideias, tachando de absurda e ultrapassada a reinvenção que fizeram da vida rural e das competências que garantem a autonomia local coletiva (construir a própria casa, garantir sua subsistência, cuidar de si mesmo etc.). O anúncio contrapõe a tudo isso o conforto materialista e a facilidade consumista, valorizando o princípio fundamental da sociedade mercantil: em vez de fazer você mesmo as coisas, é melhor deixar que empresas especializadas as façam, em troca de pagamento ou imposto. E o que o anúncio dissimula é, em primeiro lugar, o lado obscuro dessa "vida urbana": atomização social, morosidade cotidiana, condições de vida cada vez mais difíceis por causa do recrudescimento da lógica de concorrência – permitida justamente pela concentração da população e das redes de transportes, que garantem a concorrência entre os assalariados em zonas de emprego cada vez maiores.

---

11. Pensamos evidentemente na proliferação de cartazes em muros e letreiros luminosos em telhados, mas também no que diz Naomi Klein: prédios transformados em gigantescos anúncios 3D, ruas inteiras pintadas de rosa (até as árvores!) para promover a boneca Barbie, cidades envolvidas na promoção de um produto ou que permitem que certas marcas rebatizem suas ruas. Cf. *No Logo: la tyrannie des marques*, Arles, Actes Sud/Babel, 2001.

Mas, acima de tudo, ele oculta a verdadeira natureza dessa "vida urbana" que supostamente existe e é associada ao mundo do supermercado.

Ser livre

Evocar as mudanças do século XX no que diz respeito à organização do espaço, em termos de movimento da população em direção às "cidades", está longe de ser exato. Ainda que os campos tenham sido abandonados, dizer que as cidades cresceram é uma afirmação contestável, pelo menos quando a definimos de outra forma que não seja pelo aumento do concreto. O que cresceu com os grandes supermercados e os carros foi o subúrbio, que faz parte da cidade por ausência flagrante de vida rural e distingue-se dela por falta total de vida urbana. Por um paradoxo apenas aparente, a publicidade não hesita mais em estigmatizar os traços culturais tradicionalmente associados à cidade: já que cortesia, urbanidade ou atenção com os outros não têm mais vez na vida moderna, ela elogia a ausência de escrúpulos, o fato de "ousar" sem medir consequências, e celebra o "nomadismo" ou sua grotesca paródia *high-tech*.

É instrutivo olhar para os Estados Unidos, onde essa suburbanização prolonga todos os seus efeitos, ou, mais precisamente, para uma cidade composta quase que exclusivamente por *suburbs* e construída pela força da publicidade:

"Los Angeles não é uma cidade. Ao contrário, ela é, desde 1888, uma mercadoria; uma coisa da qual se faz propaganda e que se vende ao povo americano como se fosse um automóvel."[12] De fato, a expansão de condomínios social e racialmente homogêneos, de casas com jardins privativos e *shopping centers*, interligados por rodovias abarrotadas de publicidade, foi apoiada por grandes campanhas dirigidas às classes médias e altas do meio-oeste, com a promessa de que teriam uma vida tranquila e uma pele bronzeada pelo sol da Califórnia.

Mas, como observa o historiador Mike Davis, essa promoção constitutiva de uma das mais assustadoras megalópoles do mundo utilizou uma ideologia antiurbana muito forte desde a época Jefferson. E esse paradoxo só cresceu desde então:

> A destruição das árvores-de-josué, o desperdício escandaloso de água, os muros com virtudes claustrofóbicas e todas essas denominações ridículas [as mansões são chamadas de "chácaras", "castelos" etc.] são uma agressão contra uma natureza selvagem ameaçada e, ao mesmo tempo, uma crítica implícita a essa urbanização rasteira.

---

12. Apud M. Davis, *City of Quartz. Los Angeles, capitale du futur*, Paris, La Découverte, 1997, p. 17.

> A lógica utópica (isto é, literalmente, "sem lugar") que governa a divisão em loteamentos abstratos, desprovidos de qualquer referência à natureza e à história reais, centrados apenas na esfera privada do consumo familiar, lembra claramente toda a história dos subúrbios residenciais do sul da Califórnia. A diferença é que, hoje, os corretores não se contentam em criar uma nova versão do mito da doce vida em Subúrbia, mas exploram sem nenhum comedimento o medo crescente das cidades.[13]

E, principalmente, da população urbana, com sua miscigenação social e cultural, sua agitação incessante, sua inquietante ebulição.

Essa dinâmica é típica da publicidade: indústria de promoção da indústria, ela recorre sistematicamente à imagem contrária daquilo que de fato promove e, portanto, contribui para o seu desaparecimento. Assim, fantasia a mercadoria industrial de produto artesanal, mostrando o campo e as práticas tradicionais da pequena produção doméstica ou artesanal, mas não as fábricas de onde saíram realmente as geleias e os queijos industriais que ela promove, as fábricas que desfiguraram o campo e baniram as práticas que ela encena. Hoje, os

---

13. Idem, p. 8.

spin doctors utilizam até a insatisfação causada pela industrialização do mundo para melhor canalizá-la para os derivativos comerciais que a reforçam. Para vender carros e "pacotes turísticos" (a viagem transformada em mercadoria pré-fabricada), eles apelam para a "necessidade de fugir" e ratificam o caráter prisional do mundo atual. Como o ar das cidades agora causa doenças, eles nos convidam a "sermos livres" e enfatizam a poluição e a violência das megalópoles, a solidão dos "executivos", a necessidade de harmonia, autenticidade e abertura para o outro (em lugares que são verdadeiros campos entrincheirados, onde a cultura local é completamente ausente, exceto de forma artificial, encanada por "organizadores educados"). O que eles se esquecem de lembrar é que o "campo" (em escala mundial) está sendo tragado pelo subúrbio total, e que a "liberdade" que eles nos vendem para "fugirmos da cidade" (os meios de transporte modernos, pré-requisito para a vida suburbana e suas compensações turísticas) faz parte desse movimento de supressão da vida rural.

Essa recuperação espetacular do mundo pré-industrial para melhor eliminar seus últimos vestígios também se encontra na promoção das intervenções urbanísticas. Em nome da "reabilitação", realiza-se a "destruição das cidades em tempos de paz"[14]. Colados nos tapumes em volta das obras no bairro parisiense de Belleville, anúncios diziam: "Venha

---

14. J. C. Michéa, *L'enseignement de l'ignorance*, Paris, Climats, 2001.

morar no novo bairro dos amantes da velha Paris." E, assim, um bairro popular vivo e tradicional foi quase todo destruído e substituído por prédios de vinte andares, que condicionam uma vida muito mais parecida com a dos subúrbios, com sua atomização dos homens e seu zoneamento de atividades. Paris perdeu uma de suas últimas vilas e hoje parece uma periferia cada vez mais residencial em torno de um centro cada vez mais comercial, em que as ruas são devolvidas aos pedestres para se tornarem simplesmente galerias de um gigantesco *shopping center*[15].

Dentro do contexto desses "projetos de melhoria", o poder público não esconde que está preocupado essencialmente com a "imagem" da cidade, imagem que se dirige, é claro, aos ricos investidores e traduz-se na realidade em políticas policiais de natureza publicitária, encarregadas de eliminar tudo e todos que não estão conformes com a "imagem" desejada e, portanto, poderiam dissuadir o investidor. A pretexto de "saúde e segurança", o poder público trava uma verdadeira guerra social contra as "classes perigosas", dentro da tradição haussmanniana. Quando não são expulsas, são privadas dos últimos espaços gratuitos de encontro e vida pública que restaram: as ruas, que

---

15. Cf. L. Chevalier, *L'assassinat de Paris*, Paris, Ivréa, 1997; S. Herszkowicz, *Lettre ouverte au maire de Paris à propos de la destruction de Belleville*, Paris, Éditions de l'Encyclopédie des Nuisances, 1994.

as prefeituras querem transformar em "vitrines" e que a polícia tem por função "limpar"[16].

Na verdade, essa destruição da vida de rua se deve sobretudo à disseminação do automóvel. Como nada é impossível no mundo orwelliano da publicidade, os causadores de prejuízos podem fazer campanha com o slogan "Chega de feiura": "Uma epidemia de feiura invade nossas cidades, enfeia nossas ruas, banaliza nossa existência. Abaixo a ditadura da feiura. Com Lancia Ypsilon, reivindicamos nosso direito à beleza." Essa é a versão urbana do atual *leitmotiv*: afastar os incômodos provocados pela suburbanização e recuperar a "liberdade e a simplicidade originais na natureza selvagem dos grandes espaços" ao volante de um 4x4.

Expansão do subúrbio total

Se entendemos que a suburbanização se apoiou numa série de políticas promocionais orientadas pela rejeição da vida urbana e por tudo o que se relaciona com ela, entendemos melhor ainda por que ela não produziu cidades propriamente

---

16. Mike Davis cita o exemplo de um bairro popular de Chicago cujos moradores, na maioria negros, tornaram-se alvo de repente de um brutal assédio policial que visava explicitamente tirar das ruas pessoas que costumavam passear e se reunir ali. O prefeito tinha projetos de melhoria do bairro e queria tranquilizar os investidores potenciais, mostrando-lhes um bairro "limpo e seguro". O trabalho da polícia é fazer esses bairros se tornarem conformes com as "imagens" definidas pelos diretores de comunicação municipais.

ditas, mas uma extensão do "subúrbio total" e da suburbanidade que o caracteriza. Isso não aparece nos anúncios do Monoprix, que associam os grandes supermercados ao mito da "cidade" e não à suburbanização. E por um bom motivo: se o Monoprix faz campanha com as cidades, e não com a sua rejeição, é porque essa rede de supermercados está presente principalmente nos centros das cidades. Em compensação, a rede de supermercados Auchan, que é uma rede essencialmente implantada em zonas suburbanas, introduziu foneticamente e subliminarmente a rejeição da cidade em seu próprio nome[17], em seu logotipo (um passarinho) e em seu *lign-out*: "A vida, a verdadeira", no campo, é claro. Para quem acha que é coincidência, essa mesma rede se implantou na Espanha com o nome... Al Campo!

---

17. O nome da rede de supermercados Auchan é, em francês, foneticamente igual a "au champ" (ao campo). (N. T.)

Adendo 2
A indústria da promoção da indústria[1]

O atos "publicidas" do outono/inverno de 2003-2004 (pichação, dissimulação e retirada de anúncios) foram encorajadores e ao mesmo tempo frustrantes. Encorajadores porque recuperaram a tradição luddista[2] da sabotagem, que consiste em danificar os dispositivos que nos causam dano, dirigir-se ao poder fazendo estrago material e financeiro. Também tornaram viável a hostilidade de parte da população contra o mundo ao nosso redor, e não somente contra uma ou outra política governamental. Desse modo, saíram da lógica dos "movimentos sociais", das reivindicações corporativistas, assim como da forma ordenada e previsível como os sindicatos e os par-

---

1. Texto inicialmente publicado no jornal *L'Ire des Chênaies*, n. 126, mar. 2005.
2. De Ludd, nome do operário inglês que liderou um interessante movimento de oposição ao capitalismo industrial e sobre o qual voltaremos a falar.

tidos esperam obter reformas irrisórias num mundo que não funciona.

Mas a frustração foi à altura do entusiasmo que se sentiu enquanto os atos duraram. A mobilização foi confusa e efêmera, apesar de os cartazes continuarem a ser arrancados e pichados em atos que a Métrobus (a agência publicitária da RATP) qualificou, de forma exagerada, como uma "guerrilha de baixa intensidade", e de algumas reações salutares contra as campanhas mais detestáveis (o fato de a rede de supermercados Leclerc ter recuperado a estética dos grafites antipublicitários na primavera de 2004 e dos cartazes do Maio de 68 no inverno de 2005).

A confusão ficou clara durante o processo dos 62. Obviamente, esse grupo foi totalmente inventado pelo poder, a partir da seleção arbitrária de 62 indivíduos entre centenas de interrogados, pessoas que não tinham nada em comum, além da participação nos atos. Assim, não nos surpreende que esse grupo tenha sido incapaz de formular uma crítica coerente da publicidade e até tenha renunciado a explicar, em sua diversidade, os motivos que o levaram a participar dos atos. Tampouco que a maioria tenha se recusado a confessar sua participação. E tenha chamado como testemunha de defesa o ex-publicitário Frédéric Beigbeder (convertido a plumitivo-mor da autopromoção literária) e Oliviero Toscani, o craque da *shockvertising* (a publicidade choque), que cinicamente instrumentalizou a miséria do mundo para aumentar os lucros de Benetton – alguns meses depois, ele declarou numa matéria especial da revista *Télérama*, integralmente dedicada ao elogio da publicidade, que esta existe desde "a noite dos tempos", embaralhando o discurso num passado imemorial, fabulado para melhor insinuar que seria ilusório e perigoso querer acabar com esse flagelo. É claro que esses dois vira-casacas e especialistas em pseudocontestação compareceram apenas... para se promover.

Se nada disso nos surpreende, é porque os motivos da extensão do movimento foram os mesmos da sua fraqueza. Está claro que a mobilização de mil pessoas para o último grande ato teria sido impossível sem o site Stopub. Mas também é evidente que não se constrói uma comunidade de combate "num clique", como querem acreditar os cibermilitantes da política virtual – assim como os promotores da vida.com. Se os luddistas, velhos artesãos-tecelões que destruíam máquinas porque elas desqualificavam seu *savoir-faire* e ameaçavam suas condições de vida, constituíram durante algumas décadas uma verdadeira ameaça para o poder econômico e político da Inglaterra no começo do século XIX, é porque o que os unia era mais forte do que o vínculo eletrônico: espaços de vida compartilhados e práticas comuns cotidianas criavam solidariedade entre seus membros e coerência em sua luta. Já um site que conecta indivíduos atomizados só pode criar uma comunidade virtual e uma contestação ilusória.

Considerando a confusão do movimento antipublicidade, julgamos necessário explicitar a perspectiva que pode lhe dar pertinência e coerência – ainda mais que essa confusão foi habilmente utilizada pela mídia para "encobrir" os atos, erguendo, por exemplo, o espantalho de um "retorno à ordem moral", quando, na verdade, tratava-se de denunciar *somente* imagens que promoviam a mulher-objeto. É por esse motivo que publicamos, sob o acrônimo Marcuse (Movimento Autônomo de Reflexão Crítica ao Uso dos Sobreviventes da Economia), um livro intitulado *Sobre a miséria humana no meio publicitário*. A luta contra a publicidade não pode ser um fim em si – um mundo sem publicidade não estaria livre de todos os seus males, muito pelo contrário. A publicidade é uma perspectiva interessante para denunciar a sociedade industrial em que vivemos, porque ela nasceu da Revolução Industrial, e não é por acaso que as primeiras agências apareceram simultaneamente nos Estados Unidos e na Europa entre 1830 e 1840.

A indústria e a publicidade se pressupõem reciprocamente. É claro que uma sociedade que produz o necessário para viver não precisa de publicidade. Esta somente se torna indispensável quando surge a indústria, a produção *em massa* de bens de consumo corrente. Então é necessário *escoar* a superprodução, *diferenciar* produtos cada vez mais padronizados, *valorizar* mercadorias cuja qualidade deixa cada vez mais a desejar (à medida que são maciçamente produzidas) e, sobretudo, *convencer* a população da utilidade e da inocuidade dessas novidades, o que implica *transformar o modo de vida* das pessoas, persuadi-las, por exemplo, de que é melhor comprar sopa enlatada do que fazê-la com legumes da própria horta, beber refrigerante, em vez de água, deslocar-se de carro e não de carroça ou bicicleta. A publicidade, vetor de todas as inovações e outras tecnologias modernas, aparece então como uma *máquina de guerra contra as tradições culturais de autonomia popular*, estigmatizadas de ultrapassadas e arcaicas.

Entendemos que seria superficial interpretar o adjetivo "industrial" unicamente de maneira quantitativa: entre a pequena produção artesanal e a produção de massa, há um salto *qualitativo* no que diz respeito à natureza dos bens produzidos e, sobretudo, do vínculo social e do tipo de vida assim condicionados. A industrialização (processo que pode dizer respeito a todos os tipos de atividade, e não somente à parte pesada do setor secundário da economia: siderurgia, química etc.) implica a divisão crescente do trabalho e o que vem com ela: a organização científico-burocrática, vigiada por gerentes onipresentes, a desqualificação dos operários pelas máquinas, o assalariamento e a atomização etc. Disso resulta uma sociedade em que os produtores nunca consomem o que produzem, e em que os consumidores nunca produzem o que consomem. Nessa *dissociação* crescente entre a produção e o consumo (hoje, o que consumimos é produzido por gente desconhecida do outro lado do mundo; como queremos controlar, ainda que minimamente, as condições de produção?), entre o trabalho e a vida, ocorre um abandono de qualquer perspectiva de autonomia em relação ao sistema social.

Se preferimos o adjetivo "industrial" ao adjetivo "capitalista", é porque os partidos comunistas e socialistas frequentemente definiram o capitalismo como propriedade privada dos meios de produção, sem nunca refletir sobre a natureza desses meios. Sair do capitalismo consistiria então em socializar os meios de produção, reapropriar coletivamente as forças produtivas, que são consideradas neutras. Mas, obviamente, a autogestão de centrais nucleares, de fábricas de produção em massa ou de redes mundiais de distribuição é impossível. Essas infraestruturas gigantescas não são reapropriáveis, pois estão acima da escala humana e sempre implicarão exploração e dominação, sejam elas propriedade coletiva ou privada.

Portanto, não é a questão jurídica da propriedade que define o capitalismo, mas, como a própria palavra indica, a dinâmica econômica de acumulação *sem fim* do capital, associada à "valorização" do mundo e ao desenvolvimento das forças produtivas. E, desse ponto de vista, as sociedades "comunistas" do leste europeu ou do Extremo Oriente eram tão capitalistas quanto as do "mundo livre". Senão como explicar a velocidade com que a China passou da tragédia maoísta para o Grande Salto Adiante capitalista? As sociedades "comunistas" apenas imitaram as democracias ocidentais, copiaram todo o seu desenvolvimento e métodos de produção – apenas de maneira menos eficiente e sem as compensações vinculadas aos "direitos humanos". De ambos os lados da Cortina de Ferro, as mesmas tendências remoldaram a realidade: a exploração crescente da natureza e dos homens, a atomização social, a eliminação do mundo rural e a perda de autonomia dos indivíduos, que não sabem fazer mais nada por conta própria, tratar da sua subsistência ou cuidar da sua saúde.

O que define a industrialização é essa dinâmica do abandono dos indivíduos em favor de instâncias externas e, portanto, da penetração das relações mercantis em todos os aspectos da vida. A publicidade, que também era utilizada na extinta URSS, é um vetor essencial dessa dinâmica, já que se encarrega de fazer parecer desejável essa renúncia de produzirmos nós mesmos, de forma artesanal e local, os bens de que precisamos. E a própria publicidade é uma indústria, porque essa promoção de produtos industriais acontece de forma maciça, por meio de dispositivos técnicos que alteram profundamente a natureza dos vínculos envolvidos na troca. A relação direta e pessoal de clientela que caracterizava a época pré-industrial, quando o produtor vendia seus produtos para um grupo de pessoas mais ou menos conhecidas, foi substituída por relações impessoais e midiáticas (indiretas). Não é mais o *cliente* que vai à feira para procurar os produtos de que precisa, com *comerciantes* que ele mais ou menos conhece; são os *comerciais* invisíveis que perseguem os *consumidores* até suas casas para impor a eles as necessidades requeridas para reproduzir o sistema.

Redução da vida ao trabalho: esse é o sentido original do termo indústria, que caracteriza um tipo de organização social desconectado de qualquer necessidade vital ou sentido, em que a ciência, a tecnologia e o Estado (todos os três indispensáveis para a produção de massa) têm um papel central. Se as potências que combatemos se alimentam da nossa total dependência em relação a elas e se, correlativamente, a razão profunda da nossa impotência atual deriva diretamente dessa dependência, então a *urgência política consiste em tomarmos novamente em mãos, em coletivos de escala humana, nossas condições de vida*. Projeto positivo, do qual devemos cuidar desde já, mas cuja realização será parcial e precária enquanto não tivermos destruído o sistema industrial que organiza e destrói a nossa vida. É por esse motivo que precisamos abandonar as reivindicações de "esquerda" por uma melhor *divisão* dos frutos (envenenados) do crescimento e denunciar a proposta de uma renda mínima universal (que ratifica a exploração dos trabalhadores do outro lado do mundo e nossa passividade de consumidores sem nenhum controle sobre sua vida). *Não se divide uma gaiola, mas se saqueia!*

1ª edição maio de 2012
Fonte Rotis/Agaramond | **Papel** Offset 75g/m^2
Impressão e acabamento Imprensa da Fé